COLEÇÃO EXPLOSANTE

PREFÁCIO
GABRIEL BORIC FONT

A REVOLUÇÃO DESARMADA

ORGANIZAÇÃO
VLADIMIR SAFATLE

DISCURSOS DE
SALVADOR ALLENDE

7   Prefácio
    GABRIEL BORIC FONT

17 DISCURSO DA VITÓRIA
    [5 SET. 1970]

25 DISCURSO NO ESTÁDIO NACIONAL
    [5 NOV. 1970]

41 DISCURSO SOBRE
    A ESTATIZAÇÃO DO SISTEMA BANCÁRIO
    [30 DEZ. 1970]

47 DISCURSO NO DIA DO TRABALHADOR
    [1 MAIO 1971]

65 DISCURSO AO CONGRESSO PLENO
    [21 MAIO 1971]

97	DISCURSO SOBRE A PROPRIEDADE AGRÁRIA [23 AGO. 1971]
105	DISCURSO NA UNIVERSIDADE DE CONCEPCIÓN [4 MAIO 1972]
125	DISCURSO NA ASSEMBLEIA GERAL DA ORGANIZAÇÃO DAS NAÇÕES UNIDAS [4 DEZ. 1972]
157	ÚLTIMO DISCURSO [11 SET. 1973]
165	Posfácio RODRIGO KARMY BOLTON
177	Índice de nomes
184	Sobre Salvador Allende

PREFÁCIO

GABRIEL BORIC FONT

Estamos diante de um livro que reúne alguns dos discursos mais importantes de Salvador Allende no período que vai de 1970 a 1973. A coletânea é em língua portuguesa, somando outro idioma para um líder e um pensamento político que se tornaram universais.

Por que o interesse por Allende não decai com o passar dos anos e, pelo contrário, se estende a novas latitudes e gerações? Creio que isso se deva, em parte, à coerência de sua biografia e a seu gesto final, consistente com seus valores e ideais, mas também a sua lealdade explícita com as pessoas mais negligenciadas e excluídas. Em tempos de "política líquida", essa coerência provoca uma justificada admiração, especialmente nas gerações mais jovens.

No entanto Allende não se esgota no heroísmo de seu gesto final nem pode ficar confinado a isso. Ele encarna um pensamento político original dentro da esquerda de sua época, um pensamento que, enfim, se revelou correto. Me refiro particularmente a sua tese política de conjugar socialismo e democracia. Um socialismo que não renuncia às transformações profundas e estruturais da sociedade, propondo realizá-las por meio das instituições, da legalidade democrática e do voto; apostando, em cada encruzilhada, em mais democracia, e não menos; e exigindo que a democracia cumpra suas promessas de mais igualdade e liberdade.

Considerada isoladamente, essa descrição do pensamento e da prática allendista estaria incompleta se não mencionássemos que nesse caminho de transformações deveriam existir, no entender de Allende, uma sociedade civil forte e organizada com sindicatos poderosos, num processo de transformação progressiva do povo em sujeito político. A via allendista era sem armas, mas com força social, e repousava na organização e na consciência de um movimento social que se comprometesse e apoiasse o processo de transformações.

Allende delineou uma maneira de ser e de agir da esquerda chilena, rompendo com muitas das ortodoxias de seu tempo. Seu pensamento foi se plasmando através de seus discursos, numa relação que poderíamos definir como pedagógica com o movimento social; foi construindo, assim, uma maneira diferente de conceber o socialismo e a via de transição a ele.

Este livro abre com o vibrante discurso da vitória de 4 de setembro de 1970, pronunciado por Allende na sacada da Federação de Estudantes da Universidade do Chile. Era o ápice de um longo processo iniciado com sua primeira candidatura, em 1952. Depois de quatro tentativas, Salvador Allende havia triunfado, finalmente, pelas urnas.

Allende fala ao povo naquela noite da vitória, diz às pessoas que voltem a suas casas "com a sã alegria da límpida vitória alcançada". Mas também atenta para "o difícil amanhã" que há pela frente (p. 23). Ele transfere o protagonismo para as pessoas ali reunidas. Solicita-lhes, finalmente, que voltem em paz, que não vandalizem nada. O povo acata seu pedido e a multitudinária celebração termina em plena tranquilidade.

Entre os vários discursos escolhidos para este livro, vale salientar em especial aquele pronunciado em 21 de maio de 1971 diante do Congresso Pleno, no qual delineia sua original via para o socialismo. É provavelmente um dos textos em que mais claramente explica a singularidade de seu projeto da "via chilena".

Allende estava convencido de que o Chile tinha uma história democrática e de apego à legalidade e ao Estado de direito que permitia pensar a construção de uma nova sociedade, apoiada nas próprias instituições e na legalidade existente, porque no Chile havia condições históricas e institucionais suficientemente maduras para que uma transformação dessa natureza fosse possível.

Allende resume isso neste discurso: "O Chile é hoje a primeira nação do mundo chamada a conformar o segundo modelo de transição à sociedade socialista" (p. 67). Para ele, a esquerda era revolucionária por seus objetivos, não por seus meios, e estes podiam perfeitamente ser pacíficos, institucionais e democráticos. Nesse discurso, ele também expressa com eloquência a natureza de seu projeto

> Vivemos um tempo inverossímil, que nos proporciona os meios materiais para realizar as utopias mais generosas do passado. O que impede tais realizações é o peso de uma herança de cobiças, medos e tradições institucionais obsoletas. Entre a nossa época e aquela do homem liberado em escala planetária, o que medeia é a superação dessa herança. Só assim os homens poderão ser convocados a se reconstruir, não como produtos de um passado de escravidão e exploração, mas como realização consciente das suas potencialidades mais nobres. (p. 70)

Este livro contém outras declarações muito importantes, como o discurso perante a Assembleia Geral das Nações Unidas, em dezembro de 1972, no qual explica o processo chileno e faz uma denúncia do boicote das grandes corporações em represália à nacionalização do cobre em 11 de julho de 1971. É um discurso no qual Allende reivindica o conceito de soberania econômica e de desenvolvimento internacional autônomo, no marco de uma Guerra Fria que deixava aos países pouco espaço geopolítico para um desenvolvimento independente e soberano. Trata-se de um discurso de muita riqueza conceitual, que permite melhor conhecimento dos dilemas desse tempo no campo internacional.

O livro encerra com o discurso de despedida de Salvador Allende, no dia 11 de setembro de 1973, num palácio de governo que logo seria bombardeado. Naqueles duros momentos, Allende reafirma sua lealdade à Constituição, à democracia e ao povo. É o momento da derrota, porém quiçá de uma das derrotas que mais ensinamentos deixaria para a esquerda e para os movimentos sociais da América Latina e do mundo.

A experiência da Unidade Popular é filha de seu tempo. Não é um projeto historicamente reproduzível no presente. É, antes, um lugar onde buscar ensinamentos ou inspiração, não uma reedição. Tentarmos transitar o mesmo caminho não faz justiça ao próprio Allende, que se destacou por sua imaginação e originalidade políticas. Nosso dever intelectual e político é mergulhar em nosso tempo e, a partir daí, pensar e realizar nosso projeto político consoante ao tempo histórico que nos coube viver.

Quero concluir minhas palavras agradecendo à editora Ubu por este livro de difusão dos discursos de Allende. Como Presidente do Chile, é motivo de orgulho que a vida e o pensamento de Salvador Allende – provavelmente nosso compatriota mais universal – se expanda hoje no Brasil. E que as largas alamedas de seu exemplo e de seu pensamento abram caminho pela América Latina.

GABRIEL BORIC FONT nasceu em Punta Arenas em fevereiro de 1986. Em 2004 se mudou para Santiago para cursar a Faculdade de Direito da Universidade do Chile, onde se tornou líder estudantil. Com candidatura independente, foi eleito deputado em 2013 e reeleito em 2017. Em 2021 foi eleito democraticamente Presidente da República do Chile.

A REVOLUÇÃO DESARMADA

DISCURSOS DE SALVADOR ALLENDE

5 DE SETEMBRO DE 1970

DISCURSO DA VITÓRIA

É com profunda emoção que falo a vocês desta improvisada tribuna e com estes precários amplificadores.

Como é significativa, até mais que as palavras, a presença do povo de Santiago que, representando a imensa maioria dos chilenos, se congrega para festejar a vitória limpa que alcançamos no dia de hoje! Vitória que abre um novo caminho para a nossa pátria, e cujo principal protagonista é o povo do Chile aqui reunido. Como é extraordinariamente significativo que eu possa me dirigir ao povo do Chile e ao povo de Santiago aqui da Federação dos Estudantes! Isso tem um grande valor e um grande significado. Nunca um candidato vitorioso, graças à vontade e ao sacrifício do povo, usou uma tribuna que tivesse um significado maior do que esta. A juventude da pátria foi a vanguarda desta grande luta, que não foi a luta de um homem, mas a luta de um povo: é a vitória limpa do Chile alcançada nesta tarde.

Peço a vocês que compreendam que sou apenas um homem, com todas as fraquezas e debilidades que um homem tem, e se consegui suportar – já que cumpria uma tarefa – as derrotas de ontem, hoje, sem soberba e sem espírito de vingança, aceito este triunfo que nada tem de pessoal e que devo à unidade dos partidos populares, às forças sociais que estiveram conosco, devo-o ao homem anônimo e sacrificado da pátria, devo-o à humilde mulher da nossa terra. Devo este triunfo ao povo do Chile, que entrará comigo no Palacio de La Moneda no dia 4 de novembro.

A vitória alcançada por vocês tem uma grande e profunda significação nacional. Declaro daqui, solenemente, que respeitarei os direitos de todos os chilenos. Mas também declaro, e quero que saibam definitivamente, que ao chegar ao Palacio de La Moneda, sendo o povo governo, cumpriremos o compromisso histórico que fizemos de transformar o programa da Unidade Popular em realidade.

Já disse: não temos nem poderíamos ter nenhum propósito mesquinho de vingança. Isso seria diminuir a vitória alcançada. Porém, se não temos um propósito mesquinho de vingança, também não vamos claudicar ou fazer comércio com o programa da Unidade Popular, a bandeira do primeiro governo autenticamente democrático, popular, nacional e revolucionário da história do Chile.

Disse e preciso repetir: se a vitória não era fácil, mais difícil será consolidar nosso triunfo e construir a nova sociedade, a nova convivência social, a nova moral e a nova pátria.

Mas sei que vocês, que tornaram possível que o povo amanhã seja governo, terão a responsabilidade histórica de realizar o que o Chile anseia para se tornar um país sem igual no progresso, na justiça social, nos direitos de cada homem, de cada mulher, de cada jovem da nossa terra.

Triunfamos para derrotar definitivamente a exploração imperialista, para acabar com os monopólios, para fazer uma profunda reforma agrária, para controlar o comércio de exportação e importação, para enfim nacionalizar o crédito, todos esses pilares que tornarão possível o progresso do Chile, criando o capital social que impulsionará o nosso desenvolvimento.

Por isso, nesta noite que pertence à História, neste momento de júbilo, expresso meu reconhecimento emocionado aos homens e às mulheres, aos militantes dos partidos populares e aos integrantes das forças sociais que tornaram possível esta vitória, cujas repercussões vão além das fronteiras da própria pátria. Para os que estiverem nos pampas ou nas estepes, para os que me escutam no litoral, para os que lavram na pré-cordilheira, para a simples dona de casa, para o catedrático universitário, para o jovem estudante, o pequeno comerciante ou o industrial, para o homem e a mulher do Chile, para o jovem da nossa terra, para todos eles, o compromisso que faço perante a minha consciência e perante o povo – protagonista fundamental desta vitória – é o de ser autenticamente leal à grande tarefa comum e coletiva. Já disse: meu único anseio é ser para vocês o companheiro presidente.

Foram o homem anônimo e a mulher ignorada do Chile que fizeram possível este feito social. Milhares e milhares de chilenos semearam sua dor e sua esperança nesta hora, que pertence ao povo. E, das fronteiras e de outros países, olham para nós com profunda satisfação pela vitória alcançada. O Chile abre um caminho que outros povos da América e do mundo poderão seguir.
A força vital da unidade romperá os diques da ditadura e abrirá canais para que os povos possam ser livres e possam construir seu próprio destino.

Somos suficientemente responsáveis para compreender que cada país e cada nação têm seus próprios problemas, sua própria história e sua própria realidade. Diante dessa realidade, caberá aos dirigentes políticos desses povos adequar a tática a ser adotada. Nós, da nossa parte, queremos apenas ter as melhores relações políticas, culturais, econômicas com todos os países do mundo. Só pedimos que respeitem, e terão de respeitar, o direito do povo do Chile de ter se dado o governo da Unidade Popular.

Respeitamos e respeitaremos a autodeterminação e a não intervenção. Isso não significará silenciar nossa adesão solidária aos povos que lutam por sua independência econômica e pela dignificação da vida humana.

DISCURSO DA VITÓRIA

Quero apenas salientar perante a História o feito transcendental que vocês realizaram, derrotando a soberba do dinheiro, a pressão e a ameaça, a informação distorcida, a campanha do terror, da insídia e da maldade. Um povo que foi capaz disso será capaz também de compreender que só trabalhando mais e produzindo mais é que poderemos fazer com que o Chile progrida e que o homem e a mulher, o casal humano, tenham direito autêntico ao trabalho, à moradia, à saúde, à educação, ao descanso, à cultura e à recreação. Juntos, com o esforço de vocês, vamos fazer um governo revolucionário.

A revolução não implica destruir, mas construir; não implica arrasar, mas edificar. E o povo chileno está preparado para essa grande tarefa nesta hora transcendente da nossa existência.

Companheiras e companheiros, amigas e amigos, como eu teria gostado que os recursos materiais de comunicação tivessem me permitido falar mais amplamente com vocês e que cada um tivesse ouvido minhas palavras úmidas de emoção, mas ao mesmo tempo firmes na convicção da grande responsabilidade que todos temos e que eu assumo plenamente. Peço a vocês que esta manifestação sem precedentes se torne a demonstração da consciência de um povo. Vocês voltarão às suas casas sem que tenha havido nenhum indício de provocação e sem se deixar provocar. O povo sabe que seus problemas não se resolvem quebrando vidros ou esmurrando um automóvel.

Aqueles que disseram que no dia de amanhã os distúrbios vão caracterizar a nossa vitória toparão com a consciência e com a responsabilidade de vocês. Vocês vão para os seus trabalhos amanhã ou na segunda-feira, alegres e cantando; cantando pela vitória tão legitimamente alcançada e cantando ao futuro. Com as mãos calejadas do povo, as ternas mãos da mulher e o sorriso da criança, tornaremos possível a grande tarefa que só um sonho responsável poderá concretizar.

Na América Latina, e além das fronteiras do nosso povo, observam o nosso amanhã. Tenho fé absoluta de que seremos fortes o suficiente, serenos o suficiente, suficientemente serenos e fortes para abrir o caminho venturoso rumo a uma vida diferente e melhor, para começar a percorrer as promissoras alamedas do socialismo, que o povo do Chile vai construir com as suas próprias mãos.

Reitero o meu reconhecimento aos militantes da Unidade Popular, aos partidos Radical, Comunista, Socialista, Social-Democrata, Mapu [Movimiento de Acción Popular Unitaria] e API [Acción Popular Independiente], e aos milhares de independentes de esquerda que nos acompanharam. Expresso o meu afeto e também o meu agradecimento aos companheiros dirigentes desses partidos, que ultrapassaram as fronteiras das suas próprias coletividades e tornaram possível a fortaleza desta unidade que o povo fez sua. E porque o povo a fez sua, foi possível a vitória, que é a vitória do povo. O fato de estarmos esperançosos e felizes não significa que descuidaremos da vigilância: o povo, neste fim de semana, tomará a pátria pela cintura e dançaremos de Arica a Magalhães, e da cordilheira ao mar, uma grande *cueca*, para simbolizar a sã alegria da nossa vida. Mas, ao mesmo tempo, manteremos nossos comitês de ação popular, numa atitude vigilante, numa atitude responsável, para que estejamos prontos para responder a um chamado, se necessário, que venha a fazer o comando da Unidade Popular.

Um chamado para que nos comitês de empresas, de fábricas, de hospitais, nas associações de moradores, nos bairros e nos povoados proletários, se comece a estudar os problemas e as soluções, porque temos pressa em pôr o país em marcha. Tenho fé, uma fé profunda, na honradez, na conduta heroica de cada homem e de cada mulher que tornou possível esta vitória. Vamos trabalhar mais. Vamos produzir mais.

Porém trabalharemos mais para a família chilena, para o povo e para o Chile, com orgulho de chilenos e com a convicção de que estamos realizando uma grande e maravilhosa tarefa histórica.

Como sinto no mais íntimo da minha fibra de homem, como sinto nas profundidades humanas da minha condição de lutador o que cada um de vocês me entregou! O que começa a germinar hoje é uma longa jornada. Apenas tomei nas minhas mãos a tocha que foi acesa por aqueles que lutaram antes de nós, junto com o povo e pelo povo.

Devemos consagrar este triunfo aos que caíram nas lutas sociais e regaram com seu sangue a fértil semente da revolução chilena que vamos realizar.

Quero, antes de terminar, e é honesto fazer isso, reconhecer que o governo entregou os números e os dados de acordo com os resultados eleitorais. Quero reconhecer que o chefe da segurança, o general Valenzuela, autorizou este ato, ato multitudinário, com a convicção e a certeza que lhe dei de que o povo se congregaria, como está aqui, numa atitude responsável, sabendo que conquistou o direito de ser respeitado em sua vitória, o povo que sabe que vai entrar comigo no Palacio de La Moneda no dia 4 de novembro deste ano. Quero salientar que os nossos adversários da Democracia Cristã reconheceram, numa declaração, a vitória popular. Não vamos pedir à direita que faça o mesmo. Não precisamos disso. Não temos nenhum ânimo mesquinho contra ela. Mas ela não será jamais capaz de reconhecer a grandeza que tem o povo em suas lutas, nascida de sua dor e de sua esperança.

Nunca, como agora, senti o calor humano; e nunca, como agora, o hino nacional teve para vocês e para mim tanto e tão profundo significado. Dissemos em nosso discurso: somos os herdeiros dos pais da pátria e juntos faremos a segunda independência – a independência econômica do Chile.

Cidadãs e cidadãos de Santiago, trabalhadores da pátria, vocês e só vocês são os vitoriosos. Os partidos populares e as forças sociais nos deram esta grande lição, que se projeta para além das nossas fronteiras materiais.

Peço-lhes que voltem para suas casas com a sã alegria da límpida vitória alcançada. Nesta noite, ao acalentar seus filhos, ao buscar o repouso, pensem no difícil amanhã que teremos pela frente, quando teremos de pôr mais paixão, mais carinho, para fazer um Chile cada vez maior e cada vez mais justa a vida na nossa pátria.

Obrigado, companheiras. Obrigado, companheiros. Já disse isso um dia. O melhor que tenho me foi dado pelo meu partido, a unidade dos trabalhadores e a Unidade Popular.

À lealdade de vocês, responderei com a lealdade de um governante do povo, com a lealdade do companheiro presidente.

5 DE NOVEMBRO DE 1970

DISCURSO NO ESTÁDIO NACIONAL

Disse o povo: "Venceremos", e vencemos.

Aqui estamos hoje, companheiros, para comemorar o início do nosso triunfo. Porém outros vencem hoje conosco. Estão aqui Lautaro e Caupolicán, irmanados na distância de Cuauhtémoc e Tupac Amaru.

Hoje, aqui e conosco, vence O'Higgins, que nos deu a independência política, celebrando os primeiros passos rumo à independência econômica.

Hoje, aqui e conosco, vence Manuel Rodríguez, vítima dos que colocam seus egoísmos de classe acima do progresso da comunidade. Hoje, aqui e conosco, vence Balmaceda, combatente na tarefa patriótica de recuperar nossas riquezas do capital estrangeiro. Hoje, aqui e conosco, vence também Recabarren, com os trabalhadores organizados após anos de sacrifício.

Hoje, aqui e conosco, finalmente, vencem as vítimas do Assentamento José María Caro. Aqui e conosco, vencem os mortos de El Salvador e Puerto Montt, cuja tragédia mostra por que e para que chegamos ao poder.

A vitória é dos trabalhadores.

É do povo sofrido que suportou por um século e meio, sob o nome de Independência, a exploração de uma classe dominante incapaz de garantir o progresso, e de fato, desconsiderando-o. A verdade, como todos sabemos, é que o atraso, a ignorância, a fome do nosso povo e de todos os povos do Terceiro Mundo existem e persistem porque são lucrativos para uns poucos privilegiados.

Mas chegou o dia de dizer basta. Basta à exploração econômica! Basta à desigualdade social! Basta à opressão política!

Hoje, inspirados pelos heróis da nossa pátria, nós nos reunimos aqui para comemorar a nossa vitória, a vitória do Chile! E também para marcar o começo da libertação. O povo, enfim no governo, assume a direção dos destinos nacionais. Porém, que Chile é esse que herdamos? Perdoem-me, companheiros, que nesta tarde festiva e diante das delegações de tantos países que nos honram com a sua presença eu me refira a temas tão dolorosos. É nossa obrigação e nosso direito denunciar sofrimentos seculares, como disse o presidente peruano Velasco Alvarado: "Uma das grandes tarefas da revolução é romper o cerco do engano que nos levou a viver de costas para a realidade".

Já é hora de dizer que nós, os povos subdesenvolvidos, fracassamos na história. Fomos colônias na civilização agromercantil. Somos apenas nações neocoloniais na civilização urbano-industrial. E, na nova civilização que está emergindo, nossa dependência ameaça continuar.

Temos sido povos explorados. Aqueles que não existem para si, mas para contribuir para a prosperidade alheia.

E qual é a causa do nosso atraso? Quem é responsável pelo subdesenvolvimento em que estamos afundados?

Após muitas deformações e enganos, o povo compreendeu. Sabemos bem, por nossa própria experiência, que as causas reais do nosso atraso estão no sistema.

Nesse sistema capitalista dependente, que no plano interno opõe as maiorias necessitadas às minorias ricas, e que no plano internacional opõe os povos poderosos aos pobres, as maiorias sempre custeando a prosperidade da minoria.

Herdamos uma sociedade dilacerada pelas desigualdades sociais, uma sociedade dividida em classes antagônicas de exploradores e explorados.

Uma sociedade em que a violência está nas próprias instituições e que condena os homens a uma cobiça insaciável, às mais desumanas formas de crueldade e indiferença diante do sofrimento alheio.

Nossa herança é uma sociedade sacrificada pelo desemprego, um flagelo que leva à ociosidade forçada e à marginalização de crescentes massas de cidadãos; massas que não são um fenômeno de superpopulação, como dizem alguns, mas multidões que são o testemunho, com o seu trágico destino, da incapacidade do regime de garantir a todos o direito básico ao trabalho.

Nossa herança é uma economia ferida pela inflação, que mês após mês diminui o mísero salário dos trabalhadores, reduzindo a quase nada – quando chegam os últimos anos de vida – a renda de uma existência de privações. Por essa ferida sangra o povo trabalhador do Chile. Vai custar cicatrizá-la, mas temos certeza de que conseguiremos, porque a política econômica do governo será ditada, a partir de agora, pelos interesses populares.

Nossa herança é uma sociedade dependente, cujas fontes fundamentais de riqueza foram alienadas pelos aliados internos das grandes empresas internacionais.

Dependência econômica, tecnológica, cultural e política.

Nossa herança é uma sociedade frustrada em suas aspirações mais profundas de desenvolvimento autônomo. Uma sociedade dividida, em que se negam à maioria das famílias os direitos fundamentais ao trabalho, à educação, à saúde e ao lazer, e até mesmo a esperança de um futuro melhor.

Contra todas essas formas de existência, o povo chileno se levantou. Nossa vitória foi conquistada pela convicção, finalmente alcançada, de que só um governo autenticamente revolucionário poderia enfrentar o poder das classes dominantes, mobilizando todos os chilenos para construir a República do povo trabalhador.

Essa é a grande tarefa que a história atribui a nós. E é para empreendê-la, trabalhadores do Chile, que venho hoje convocá-los. Só unidos, ombro a ombro, todos os que amamos esta pátria, que acreditamos nela, poderemos romper com o subdesenvolvimento e construir a nova sociedade. Vivemos um momento histórico: a grande transformação das instituições políticas do Chile, quando sobem ao poder, pela vontade da maioria, os partidos e os movimentos porta-vozes dos setores sociais mais desamparados.

Se pararmos um momento e olharmos pelo retrovisor da nossa história, nós, chilenos, poderemos nos orgulhar por termos conseguido nos impor pela via política, por termos triunfado sobre a violência. Essa é uma tradição nobre. É uma conquista imperecível. Ao longo do nosso permanente combate pela liberação, da lenta e dura luta pela igualdade e pela justiça, sempre preferimos resolver os conflitos sociais com os recursos da persuasão, com a ação política.

Nós, chilenos, rechaçamos no mais profundo das nossas consciências as lutas fratricidas. Mas sem jamais renunciar a reivindicar os direitos do povo.

Diz o nosso brasão: "Pela razão ou pela força". Mas diz primeiro pela razão.

Essa paz cívica, essa continuidade do processo político não é consequência fortuita do acaso. É o resultado da nossa estrutura socioeconômica, de uma relação peculiar das forças sociais que o nosso país vem construindo de acordo com a realidade do nosso desenvolvimento.

Desde os nossos primeiros passos como país soberano, a decisão dos homens do Chile e a habilidade dos seus dirigentes nos permitiram evitar as guerras civis.

Em 1845 Francisco Antonio Pinto escreveu ao general San Martín: "Me parece que vamos solucionar o problema de saber como ser republicanos e continuar a falar a língua espanhola". Desde então, a estabilidade institucional da

República foi uma das mais consistentes da Europa e da América. Essa tradição republicana e democrática faz parte da nossa personalidade, impregna a consciência coletiva dos chilenos.

O respeito, a tolerância com o outro, é um dos bens culturais mais significativos com que contamos.

E quando, dentro dessa continuidade institucional e das normas políticas fundamentais, surgem os antagonismos e as contradições entre as classes, é de forma essencialmente política. Nosso povo nunca rompeu essa linha histórica.

As poucas rupturas institucionais foram sempre das classes dominantes. Foram sempre os poderosos os que desencadearam a violência, os que derramaram o sangue dos chilenos, interrompendo a evolução normal do país. Como quando Balmaceda, ciente dos seus deveres e defendendo os interesses nacionais, atuou com a dignidade e o patriotismo que a posteridade reconheceu.

As perseguições contra os sindicatos, os estudantes, os intelectuais e os partidos operários são a resposta violenta dos que defendem os privilégios. Mas o combate interrompido das classes populares organizadas conseguiu impor progressivamente o reconhecimento das liberdades civis e sociais, públicas e individuais.

Essa evolução das instituições no nosso contexto estrutural possibilitou a emergência deste momento histórico, em que o povo assume a direção política do país. As massas, em sua luta para superar a exploração do sistema capitalista, chegam à Presidência da República integradas, fusionadas na Unidade Popular e no que constitui a mais relevante manifestação da nossa história: a vigência e o respeito dos valores democráticos, o reconhecimento da vontade da maioria.

Sem renunciar às suas metas revolucionárias, as forças populares souberam ajustar a sua atuação à realidade concreta das estruturas chilenas, vendo os reveses e os êxitos não como derrotas ou vitórias, mas como marcos no duro e longo caminho rumo à emancipação.

Não há precedentes no mundo. O Chile acaba de dar uma prova extraordinária de desenvolvimento político, tornando possível que um movimento anticapitalista assuma o poder pelo livre exercício dos direitos dos cidadãos. E assume esse poder para orientar o país rumo a uma nova sociedade, uma sociedade mais humana, em que as metas últimas são a racionalização da atividade econômica, a progressiva socialização dos meios de produção e a superação da divisão de classes.

Do ponto de vista teórico-doutrinal, como socialistas que somos, sabemos quem são as forças e os agentes da transformação histórica. E eu, pessoalmente, sei muito bem, para dizê-lo em termos textuais de Engels, que: "Pode-se conceber a evolução pacífica da velha sociedade rumo à nova nos países onde a representação popular concentra nela todo o poder, onde se pode fazer o que se deseja segundo a Constituição, desde que se esteja respaldado pela maioria da nação".

Esse é o nosso Chile. Aqui se cumpre, finalmente, a previsão de Engels. Mas é importante lembrar que, nos sessenta dias após a eleição de 4 de setembro, o vigor democrático do nosso país foi submetido à mais dura prova por que jamais passou.

Após uma dramática sucessão de acontecimentos, prevaleceu mais uma vez a nossa característica dominante: o confronto de ideias pela via política.

O Partido Democrata Cristão agiu com consciência do momento histórico e das suas obrigações com o país, e isso merece ser salientado.

O Chile inicia sua marcha rumo ao socialismo sem ter sofrido a trágica experiência de uma guerra fratricida. E esse feito, com toda a sua grandeza, condiciona a via que seguirá esse governo na sua obra transformadora.

A vontade popular nos legitima na nossa tarefa. Meu governo responde a essa confiança tornando real e concreta a tradição democrática do nosso povo.

Mas nesses sessenta dias decisivos que acabamos de viver o Chile e o mundo inteiro foram testemunhas, de forma inequívoca, das tentativas declaradas de violar fraudulosamente o espírito da nossa Constituição; de frustrar a vontade popular; de atentar contra a economia do país; e, sobretudo, em covardes atos de desespero, de provocar um choque sangrento, violento, entre os nossos concidadãos.

Estou pessoalmente convencido de que o sacrifício heroico de um soldado, o comandante do Exército, o general René Schneider, foi o fato imprevisível que salvou a nossa pátria de uma guerra civil.

Peço permissão, nesta ocasião solene, para manifestar, em sua pessoa, o reconhecimento do nosso povo às Forças Armadas e ao Corpo de Carabineiros, fiéis às normas constitucionais e ao mandato da lei. Esse incrível episódio, que a história registrará como uma guerra civil larvada, que durou apenas um dia, mostrou mais uma vez a demência criminosa dos despreparados. Eles são os representantes, os mercenários das minorias que, desde o período colonial, carregam a angustiante responsabilidade de ter explorado o nosso povo para o seu proveito egoísta; de ter entregado as nossas riquezas ao estrangeiro. São essas minorias que, em seu afã de perpetuar seus privilégios, não vacilaram em 1891 e não titubearam em 1970 em colocar a nação diante de uma alternativa trágica.

Mas elas fracassaram em seus desígnios antipatrióticos! Fracassaram diante da solidez das instituições democráticas, diante da firmeza da vontade popular, decidida a enfrentá-las e desarmá-las para garantir a tranquilidade, a confiança e a paz da nação, agora sob a responsabilidade do poder popular!

Mas o que é o poder popular? Poder popular significa que acabaremos com os pilares de apoio das minorias que, desde sempre, condenaram o nosso país ao subdesenvolvimento. Acabaremos com os monopólios que entregam a poucas dezenas de famílias o controle da economia. Acabaremos com o sistema fiscal a serviço do lucro, que sempre tributou mais os pobres que os ricos, que concentrou a poupança nacional nas mãos dos banqueiros com a sua sede de enriquecimento. Vamos nacionalizar o crédito para colocá-lo a serviço da prosperidade nacional e popular.

Acabaremos com os latifúndios, que continuam condenando milhares de camponeses à submissão, à miséria, impedindo que o país obtenha das suas terras todos os alimentos de que necessitamos. Uma autêntica reforma agrária tornará isso possível. Cessaremos o processo de desnacionalização, cada vez mais intenso, das nossas indústrias e fontes de trabalho, que nos submete à exploração do estrangeiro.

Vamos recuperar para o Chile as suas riquezas fundamentais. Vamos devolver ao nosso povo as grandes minas de cobre, de carvão, de ferro, de salitre. Essa conquista está nas nossas mãos, nas mãos dos que ganham a vida com o seu trabalho e hoje estão no centro do poder. O resto do mundo será espectador das transformações que se produzirão no nosso país, mas nós, chilenos, não podemos nos conformar somente com isso, porque devemos ser protagonistas da transformação da sociedade.

É importante que cada um de nós esteja consciente da responsabilidade comum. É tarefa essencial do Governo Popular, ou seja, de cada um de nós, repito, criar um Estado justo, capaz de dar o máximo de oportunidades a todos os que convivem no nosso território. Sei que a palavra "Estado" causa certa apreensão. Houve muito abuso dessa palavra e, em muitos casos, ela é usada para desprestigiar um sistema social justo.

Não temam a palavra "Estado", porque dentro do Estado, no Governo Popular, estão vocês, estamos todos. Juntos devemos aperfeiçoá-lo, para torná-lo eficiente, moderno, revolucionário. Mas, entendam bem, eu disse justo, e é isso precisamente que quero ressaltar.

Muito se falou da participação popular. Chegou a hora de ela se fazer efetiva. Cada habitante do Chile, de qualquer idade, tem uma tarefa a cumprir. Nela se unirão o interesse pessoal com o generoso trabalho do esforço coletivo. Não há dinheiro suficiente em nenhum Estado do mundo para atender todas as aspirações dos seus componentes, se estes não tiverem primeiro a consciência de que junto com os nossos direitos estão os deveres, e que o sucesso tem mais valor quando vem do próprio esforço.

Como ápice do desenvolvimento da consciência do povo, surgirá espontaneamente o trabalho voluntário, o que já foi proposto pela juventude.

Com razão, escreveram nos muros de Paris: "A revolução se faz primeiro nas pessoas e depois nas coisas". Justamente, nesta ocasião solene, quero falar aos jovens. Não serei eu, como rebelde estudante do passado, quem vai criticar a impaciência de vocês, mas tenho a obrigação de convocá-los a uma serena reflexão.

Vocês estão naquela formosa idade em que o vigor físico e mental torna quase tudo possível. Por isso mesmo, vocês têm o dever de impulsionar o nosso avanço. Transformem o anseio em mais trabalho. Transformem a esperança em esforço. Transformem o impulso em realidade concreta.

Milhares e milhares de jovens reivindicaram um lugar na luta social. Eles já o têm. Chegou o momento de todos os jovens se levantarem.

Aos que ainda estão à margem desse processo eu digo: venham, há um lugar para cada um na construção da nova sociedade. O escapismo, a decadência, a futilidade, as drogas são o último recurso de jovens que vivem em países notoriamente opulentos, mas sem nenhuma fortaleza moral. Não é o nosso caso. Sigam os melhores exemplos, os daqueles que deixam tudo para construir um futuro melhor.

Qual será a nossa via, o nosso caminho de ação para triunfar sobre o subdesenvolvimento?

Nosso caminho será aquele construído ao longo da nossa experiência, aquele consagrado pelo povo nas eleições, indicado no programa da Unidade Popular: o caminho rumo ao socialismo com democracia, pluralismo e liberdade.

O Chile reúne as condições fundamentais que, utilizadas com prudência e flexibilidade, permitirão construir a sociedade nova, baseada na nova economia. A Unidade Popular faz seu esse lema não como lema, mas como a sua via natural.

O Chile, em sua singularidade, conta com as instituições sociais e políticas necessárias para materializar a transição do atraso e da dependência para o desenvolvimento e a autonomia, pela via socialista. A Unidade Popular é constitutivamente o expoente dessa realidade. Que ninguém se engane. Os teóricos do marxismo nunca pretenderam, nem a história demonstra, que um partido único seja uma necessidade no processo de transição rumo ao socialismo. Circunstâncias sociais, vicissitudes políticas internas e internacionais podem conduzir a uma situação como essa. A guerra civil, quando é imposta ao povo como único caminho para a emancipação, condena à rigidez política.

A intervenção estrangeira, em seu afã para manter sua dominação a qualquer preço, torna autoritário o exercício do poder. A miséria e o atraso generalizado dificultam o dinamismo das instituições políticas e o fortalecimento das organizações populares. Na medida em que não se dão, ou não se deem esses fatores, nosso país, a partir das suas tradições, disporá e criará os mecanismos que, dentro do pluralismo apoiado nas grandes maiorias, tornarão possível a transformação radical do nosso sistema político. Esse é o grande legado da nossa história. E é também a promessa mais generosa para o nosso futuro. Depende de nós que um dia isso se torne uma realidade.

Esse fato decisivo desafia todos os chilenos, sejam quais forem as suas orientações ideológicas, a contribuir com o seu esforço para o desenvolvimento autônomo da nossa pátria. Como presidente da República, posso afirmar, perante a memória dos que nos precederam na luta e diante do futuro que há de nos julgar, que cada um dos meus atos será um esforço para alcançar a satisfação das aspirações populares dentro das nossas tradições. O triunfo popular marcou a maturidade da consciência de um setor dos nossos cidadãos. É preciso que a consciência se desenvolva ainda mais. Ela deve florescer em milhares e milhares de chilenos que, ainda que não estejam conosco, fazem parte do processo e agora estão decididos a se juntar à grande tarefa de construir uma nova nação com uma nova moral.

Essa nova moral, o patrimônio e o sentido revolucionário presidirão aos atos dos homens do governo. No início da jornada, devo advertir que a nossa administração estará marcada pela absoluta responsabilidade, a tal ponto que, longe de nos sentirmos prisioneiros dos organismos controladores, pediremos que atuem com consciência constante para corrigir erros e denunciar os que abusem dentro ou fora do governo. A cada um dos meus compatriotas que tem sobre os seus ombros parte da tarefa a ser realizada, digo que faço minha a frase de Fidel Castro: "Neste governo pode-se meter os pés pelas mãos, mas nunca a mão". Serei inflexível na custódia da moralidade do regime.

Nosso programa de governo, referendado pelo povo, é muito explícito na afirmação de que quanto mais popular a nossa democracia, mais real ela será, quanto mais dirigida pelo próprio povo, mais ela fortalecerá as liberdades.

O povo chega ao controle do Poder Executivo num regime presidencial para a construção do socialismo de forma progressiva, pela luta consciente e organizada em partidos e sindicatos livres. Nossa via, nosso caminho é o da liberdade. Liberdade para a expansão das forças produtivas, rompendo as correntes que até agora têm sufocado nosso desenvolvimento. Liberdade para que cada cidadão, de acordo com a sua consciência e as suas crenças, possa trazer a sua colaboração para a tarefa coletiva. Liberdade para que os chilenos que vivem do seu esforço tenham o controle e a propriedade social dos seus centros de trabalho. Simón Bolívar intuiu para o nosso país: "Se alguma república for duradoura na América, tendo a pensar que será a chilena. Ali nunca se extinguiu o espírito da Liberdade". Nossa via chilena será também aquela da igualdade:

- igualdade para superar progressivamente a divisão entre os chilenos que exploram e os chilenos que são explorados;
- igualdade para que cada um participe da riqueza comum de acordo com o seu trabalho e de modo suficiente para as suas necessidades;
- igualdade para reduzir as enormes diferenças de remuneração pelas mesmas atividades laborais.

A igualdade é imprescindível para reconhecer em cada um a dignidade e o respeito que se deve exigir.

No marco dessas diretrizes, fiéis a esses princípios, avançaremos rumo à construção de um novo sistema.

A nova economia que edificaremos tem o objetivo de resgatar os recursos do Chile para o povo chileno. Assim como os monopólios serão expropriados, porque assim exige o interesse maior do país, pela mesma razão daremos garantia total às médias e pequenas empresas, que contarão com a plena colaboração do Estado para o bom desenvolvimento das suas atividades. O Governo Popular já elaborou os projetos de lei que permitirão o cumprimento do programa.

Os trabalhadores, operários, empregados, técnicos, profissionais e intelectuais terão a direção econômica do país e também a direção política. Pela primeira vez na nossa história, quatro operários farão parte do governo como ministros de Estado. Só avançando por essa via de transformações essenciais, no sistema econômico e no sistema político, chegaremos cada dia mais perto do ideal que orienta a nossa ação.

Criar a nova sociedade em que os homens possam satisfazer suas necessidades materiais e espirituais sem que isso signifique a exploração de outros homens. Criar uma nova sociedade que garanta a cada família, a cada homem, a cada mulher, a cada jovem e a cada criança direitos, garantias, liberdades e esperanças.

Que em todos seja infundido o sentimento profundo de que estão sendo chamados a construir a nova pátria, que será também a construção de vidas mais belas, mais prósperas, mais dignas e mais livres para eles mesmos. Criar uma nova sociedade capaz de um contínuo progresso material, técnico e científico, e também capaz de garantir a seus intelectuais e a seus artistas as condições para expressar em suas obras um verdadeiro renascimento cultural. Criar uma nova sociedade capaz de conviver com todos os povos, de conviver com as nações avançadas, cuja experiência pode ser de grande utilidade no nosso esforço de autossuperação. Criar, por fim, uma nova sociedade capaz de conviver com as nações dependentes de todas as latitudes, para as quais queremos expressar a nossa fraterna solidariedade.

Nossa política internacional está baseada hoje, como também era ontem, no respeito aos compromissos internacionais livremente assumidos, na autodeterminação e na não intervenção.

Colaboraremos resolutamente para o fortalecimento da paz e a coexistência dos Estados. Cada povo tem o direito de se desenvolver livremente, avançando no caminho escolhido por ele. Mas sabemos muito bem que, por desventura, como claramente denunciou Indira Gandhi nas Nações Unidas, o direito dos povos a escolher a sua própria forma de governo só é aceito no papel. Na realidade, afirma Gandhi, há uma intromissão considerável nos assuntos internos de muitos países. Os poderosos fazem sentir a sua influência de mil maneiras.

O Chile, que respeita a autodeterminação e pratica a não intervenção, pode legitimamente exigir de qualquer governo que atue com reciprocidade. O povo do Chile reconhece em si mesmo o único dono do seu próprio destino. E o Governo da Unidade Popular, sem a menor fraqueza, velará por esse direito.

Quero saudar especialmente todas as delegações oficiais que nos honram com a sua presença.

Quero saudar igualmente as delegações de países com os quais não temos ainda relações diplomáticas. O Chile lhes fará justiça ao reconhecer seus governos.

Senhores representantes de governos, povos e instituições, este ato de massas é uma fraterna e emocionada homenagem a vocês. Sou um homem da América Latina, me junto aos demais habitantes do continente nos problemas, nas aspirações e nas inquietações comuns. Por isso, neste momento, envio minha saudação de governante aos irmãos latino-americanos na esperança de que algum dia o mandato dos nossos próceres se cumpra e tenhamos uma única e grande voz continental.

Conosco reunidos aqui, estão também representantes de organizações operárias vindos de todas as partes do mundo; intelectuais e artistas de projeção universal, que quiseram se solidarizar com o povo do Chile e celebrar com ele uma vitória que, sendo nossa, é sentida como própria por todos os homens que lutam pela liberdade e pela dignidade.

A todos os que aqui se encontram, embaixadores, artistas, trabalhadores, intelectuais, soldados, o Chile estende a mão de sua amizade.

Permitam-me, ilustres hóspedes, dizer-lhes que vocês são testemunha da maturidade política que o Chile está demonstrando.

A vocês, que viram com os próprios olhos a miséria em que vivem muitos de nossos compatriotas...

A vocês, que visitaram nossas comunidades desfavorecidas – as *callampas* – e puderam observar como se pode degradar a vida a um nível infra-humano numa terra fecunda e cheia de riquezas potenciais, e que se lembraram da reflexão de Lincoln: "Este país não pode ser metade escravo e metade livre"...

A vocês, que escutaram como a Unidade Popular levará a cabo o programa respaldado pelo nosso povo...

A vocês eu rogo: levem às suas pátrias essa imagem do Chile que é e essa esperança segura do Chile que será. Digam que, aqui, a história experimenta um novo giro. Que, aqui, um povo inteiro se levantou para tomar em suas mãos a direção do seu destino para caminhar pela via democrática rumo ao socialismo.

Este Chile que começa a se renovar, este Chile em primavera e em festa, sente como uma de suas mais profundas aspirações o desejo de que cada homem do mundo sinta em nós o seu irmão.

30 DE DEZEMBRO DE 1970

DISCURSO SOBRE A ESTATIZAÇÃO DO SISTEMA BANCÁRIO

Discurso transmitido por rádio e TV

Povo do Chile, trabalhadores,

Não quis que o ano terminasse sem lhes brindar com um anúncio transcendental para o cumprimento dos nossos planos econômicos e que se refere à nova política bancária e de crédito.

Perante a consciência cidadã, nós nos comprometemos a fazer com que o sistema bancário deixasse de ser um instrumento a serviço de uma minoria para utilizar seus recursos em benefício de todo o país.

Pois bem, de acordo com as disposições legais, cabe ao Banco Central fixar o nível máximo das taxas de juros para o primeiro semestre de 1971.

O propósito do Governo Popular é que essa decisão seja acompanhada de um conjunto de outras medidas para que ela tenha, efetivamente, o significado que queremos lhe dar.

Nossa determinação é a seguinte:

1. A partir de 1º de janeiro, haverá uma redução substancial na taxa máxima de juros. A diminuição será, apro-

ximadamente, de 52 pontos percentuais em relação ao nível vigente no segundo semestre do presente ano. Desse modo, o custo total máximo do crédito, incluídos impostos e comissões, será reduzido de 44% para 21%.

2. Serão estabelecidas taxas substancialmente inferiores à máxima para certas atividades econômicas e alguns setores empresariais.

É dessa maneira que serão beneficiados os pequenos industriais e os artesãos, as centrais de compra, as cooperativas camponesas, as sociedades agrícolas de reforma agrária, os camponeses atendidos pelo Indap [Instituto de Desarrollo Agropecuario] e os construtores de moradias populares e pré-fabricadas, os exportadores, os empresários que operam linhas de crédito com orçamento de caixa, os industriais que têm convênios com o Ministério da Economia para desenvolver produtos de consumo popular.

A taxa de juros será um instrumento efetivo de orientação do desenvolvimento econômico e de apoio a certos setores produtivos, especialmente o pequeno e o médio empresariado.

3. Promoveremos uma forte redistribuição do crédito, tornando-o fácil e acessível a setores que vinham sendo negligenciados pelas instituições bancárias.

4. Promoveremos sua descentralização, de maneira que as regiões e as províncias disponham de mais recursos e mais capacidade de decisão em sua própria área. Convém lembrar que, em 30 de setembro deste ano, Santiago ficou com 70% do crédito.

Toda essa política, além de orientar o sistema bancário para servir ao desenvolvimento nacional, se destinará a derrotar a inflação. Diminuição de gastos financeiros significa, necessariamente, diminuição da pressão inflacionária.

No entanto, ouçam bem, em nosso entendimento, para que essa política seja efetivamente aplicada, em toda a sua amplitude e de forma permanente, é preciso que o sistema bancário seja de propriedade estatal. Os bancos sempre procurarão uma maneira de evitar o controle, enquanto a sua administração não estiver nas mãos do governo.

Os fatos mostram que eventuais controles indiretos são ineficazes. Foi o que aconteceu, por exemplo, com a concentração do crédito. Em dezembro do ano passado, 1,3% dos devedores do sistema monopolizavam 45,6% do crédito. Essa concentração era crescente. Naquela data, era maior do que em 1965. Da mesma forma, há razões bem fundadas para supor que nas últimas semanas a concentração de crédito aumentou como última tentativa de absorver a capacidade creditícia dos bancos privados. Isso se reflete no fato de que os clientes tradicionais desses bancos encontraram portas fechadas, o que vem provocando forte pressão sobre o Banco do Estado. Se não assumirmos a administração dos bancos para dar mais crédito aos pequenos e médios empresários e impedir que os monopólios se apropriem desses mesmos créditos, a queda da taxa de juros continuará favorecendo uns poucos privilegiados que sempre tiveram acesso ao crédito. Da mesma forma, os controles indiretos se mostraram ineficazes para prevenir operações ilegais, ou descentralizar o crédito, ou ainda para orientar seu uso como instrumento executivo de planejamento.

Somente com os bancos nas mãos do povo, por meio do governo que representa seus interesses, é possível cumprirmos a nossa política.

Em vista disso, decidi enviar na próxima semana ao Congresso um projeto de lei para estatizar o sistema bancário.

Não obstante essa decisão, o governo quer oferecer uma alternativa que, além de acelerar o processo, represente uma boa opção para todos os acionistas, especialmente os pequenos. O governo se propõe, da segunda-

-feira 11 de janeiro até o dia 31 de janeiro, comprar ações dos bancos privados. Essa opção se fará por intermédio do Banco do Estado, através de suas agências em todo o país e de acordo com as seguintes condições:

1. As ações serão avaliadas pelo preço médio com que foram negociadas na Bolsa de Valores no primeiro semestre do presente ano. Esse procedimento é similar àquele adotado para o pagamento do imposto patrimonial. É necessário assinalar que o preço para as ações considerado no projeto de Lei de Estatização dos Bancos é inferior a esse.

2. As formas de pagamento oferecidas são:

- Os primeiros 10 mil escudos em ações avaliadas de acordo com a maneira indicada serão pagos a todos os seus proprietários em Certificados de Poupança Reajustáveis, que poderão ser liquidados no momento desejado.
- Os proprietários de mais de 10 mil escudos em ações bancárias receberão até 40 mil escudos adicionais em Certificados de Poupança Reajustáveis, que poderão ser liquidados dois anos depois de efetuada a operação.
- Aos que tiverem mais de 50 mil escudos em ações bancárias será paga a parte que exceda essa quantidade no prazo de setes anos, com dois anos de carência, em prestações anuais reajustáveis, sobre as quais incidirão juros de 5%.

Essas condições favorecerão os acionistas, especialmente os pequenos, considerando que o projeto de lei para a nacionalização dos bancos fixa um prazo de quinze anos, com prestações não reajustáveis, a 5% de juros anuais.

Da mesma forma, o pagamento em bônus CAR, para os pequenos acionistas, é uma alternativa mais segura e mais rentável do que o que eles tiveram até agora com as suas ações, acrescentando como garantia adicional o res-

paldo que o Governo Popular dá a esse tipo de poupança.
As instituições sem fins lucrativos terão um tratamento especial.

3. Para fins de pagamento, serão consideradas as últimas listas oficiais de acionistas entregues pelos bancos à Superintendência.

A proposta do governo é pela totalidade dos valores em posse de cada acionista e não por parte de suas ações.
Não obstante a proposta anterior, e para salvaguardar desde já os interesses do país, a Superintendência Bancária designará inspetores em cada instituição.
Fazemos um apelo às autoridades bancárias para que, a despeito da proposta anterior, deleguem desde já, voluntariamente, suas faculdades de gestão às pessoas as quais o governo designará para esse efeito, assim evitando que durante a discussão no Parlamento do projeto de lei que estatiza o setor bancário haja qualquer instabilidade no sistema financeiro, por menor que seja.
Há uma exceção aos conceitos anteriores: os bancos estrangeiros com status jurídico especial. Com eles encaminharemos entendimentos diretos, baseados no interesse do país, e considerando seus direitos.
Todas as medidas anteriores garantirão os depósitos. Os depositantes podem estar certos de que os organismos de governo evitarão e punirão severamente qualquer tentativa de lesar sua integridade.
Quis deixar para o fim algumas palavras dirigidas aos trabalhadores dos bancos.
Ao adotar essas disposições, o governo leva em conta e valoriza a posição assumida por esses trabalhadores em seu último congresso, quando se pronunciaram pela estatização dos bancos privados. O governo conta com seu apoio e sua participação ativa para cumprir esse objetivo. Ao mesmo tempo, atenderemos suas legítimas aspirações, reivindicadas há muitos anos, e que dizem respeito a:

- Carreira bancária por mérito e antiguidade, para chegarmos, por um nivelamento gradual, a uma carreira única e assim facilitar a especialização bancária.
- Possibilidade de estudos e aperfeiçoamento para todo o pessoal, com ênfase na preparação para as tarefas de mecanização bancária e comércio exterior.
- Redistribuição das remunerações, favorecendo os níveis inferiores.
- Eliminação de privilégios, tais como diferenças na alimentação, uso de veículos etc.
- Supressão de imposições tão humilhantes e atrasadas para o pessoal, como ter de solicitar autorização para se casar, fim de contrato para mulheres que se casam, exigência de carta de recomendação ou aval para ser contratado etc.
- Entrega dos campos desportivos a administradoras de imóveis que sejam de propriedade dos sindicatos, os quais terão de delegar a administração aos seus próprios clubes.
- Estudo de uma política habitacional especial para os companheiros bancários, levando em conta o volume de bens imobiliários que possuem suas instituições.

Tudo isso é complementado pelo compromisso já anunciado de que o governo respeitará as conquistas dos trabalhadores dos bancos.

Além disso, a redução da taxa de juros não afetará a renda individual dos bancários, que ao cabo se incorporarão à gestão de suas próprias empresas.

Esperamos que o pessoal dos bancos seja um exemplo para todos os trabalhadores do país. Servir em empresas que pertencem a todo um povo não deve ser apenas um privilégio, mas também uma responsabilidade.

É isso que eu queria lhes informar. Muito obrigado.

1º DE MAIO DE 1971

DISCURSO NO DIA DO TRABALHADOR

Trabalhadores do Chile,
 Este não é um dia de festa. Este é um dia para recordar, para rememorar. Um dia para olhar para trás, dentro e além das fronteiras da pátria, e prestar homenagem a todos aqueles que, em diferentes latitudes, caíram lutando para tornar a vida humana mais digna e conquistar a liberdade.
 Hoje termina uma semana em que, por meu intermédio, o Governo do Povo dialogou com os mais diversos setores nacionais. Conversamos com os jovens da Unidade Popular, com os médicos recém-formados para salientar a responsabilidade que implica o exercício da profissão. Estivemos num organismo da importância da Cepal [Comisión Económica para América Latina y el Caribe] para levar a eles nosso pensamento e destacar a realidade dos países pequenos, em desenvolvimento, em relação aos países industriais, para apontar, mais uma vez, a dura exploração a que fomos e temos sido submetidos, e para reivindicar o direito à autodeterminação e à não intervenção. E, outra vez, não como político, mas como

generalíssimo, título que me outorga a Constituição Política, dialoguei com os representantes das Forças Armadas, nesse caso, com a guarnição de Santiago. Além de reafirmar que respeitamos o papel profissional das nossas Forças Armadas e dos carabineiros, como estas respeitam a Constituição e a Lei, destacamos que elas não podem ser uma parcela independente, à margem do grande processo de transformações que o Chile encara nos planos econômico, social e cultural, para tornar mais digna a vida do homem da nossa terra.

Também estive dialogando com a comunidade universitária, na Universidade Técnica do Estado, com os dirigentes sindicais de Yarur e com os trabalhadores que vieram de Panguipulli para me contar o drama dos que trabalham em madeireiras e serrarias. Hoje, com este ato, culmina esta semana; com este 1º de Maio tão diferente daqueles outros do passado.

Estamos aqui, neste dia que tem um profundo e intenso significado, que é transcendente porque vocês estão aqui, trabalhadores do Chile, junto conosco; porque estamos aqui, governo e povo, porque o povo é governo, e, sendo assim, representa os anseios e as aspirações das grandes maiorias. Chegamos ao governo e avançamos na conquista do poder. A diferença em relação ao passado é notória, não apenas pela enorme multidão que vejo daqui, talvez o triplo ou mais do que nos atos de anos anteriores, mas também porque vejo milhares e milhares de mulheres. A elas presto homenagem na figura de duas anciãs que estou observando há mais de uma hora e que chegaram com seu cansaço de sempre para nos dizer com seu exemplo como sentem e apoiam o Governo Popular.

Saúdo os representantes que vieram de outros países como dirigentes sindicais, trazendo-nos palavras de solidariedade. Saúdo as autoridades de países amigos, diplomatas e chefes de missões comerciais, e destaco a presença nesta tribuna do chefe da Igreja chilena, o cardeal Silva Henríquez. Sua presença tem um significado profundo, porque ele tem consciência de que, no governo do povo, têm sido e serão respeitadas todas as crenças. Sendo majoritária a Igreja católica chilena, recebe o carinho popular, porque seu verbo está cada vez mais perto do pensamento de Cristo. E saúdo todos os dirigentes sindicais chilenos, meus companheiros dirigentes da Central Única de Trabalhadores. E presto homenagem àqueles que, mesmo tendo já cumprido seu dever, nunca deixaram de estar junto dos trabalhadores, na pessoa do primeiro presidente da Central Única, meu estimado amigo Clotario Blest.

Viemos falar ao povo, falar de seus direitos, de seus deveres fundamentais, de suas responsabilidades. Quero que vocês reflitam sobre o alcance e o conteúdo das minhas palavras. Algo grande e transcendente aconteceu na pátria com a vitória de 4 de setembro. Não foi um fato casual. Foi o esforço sacrificado e anônimo de milhares e milhares de chilenos que tiveram fé neles mesmos, que acreditaram nos partidos populares e entenderam a grande tarefa histórica que devemos cumprir. Foi o fervor de gerações e gerações que conheceram o cárcere, o desterro e a morte para nos dar a possibilidade de chegar ao governo e conquistar o poder. Mas a vitória alcançada nas urnas implica uma grande responsabilidade, e que isso seja bem entendido, com muita clareza. Desde já, saibam, apreciem e reflitam sobre o que significa um povo, pela primeira vez na história, dentro dos canais legais e das leis da democracia burguesa, ter chegado ao governo para transformar a sociedade e abrir caminho para as profundas transformações estruturais que conduzem ao socialismo. Reitero: é a primeira vez que isso acontece. Queremos que as liberdades políticas assim conquistadas se transformem em liberdades sociais. Queremos que cada trabalhador compreenda que a teoria revolucionária estabelece que não se destrói absoluta e totalmente um regime ou um sistema para construir outro; toma-se o que há de positivo para superá-lo, para utilizar essas conquistas e ampliá-las. Convém que isso seja bem entendido e penetre na consciência de cada um de vocês. Nós manteremos as conquistas políticas, porque o povo as conquistou com suas lutas e elas são consagradas pelas leis e pela Constituição chilena. E os resultados positivos no plano econômico, derivados do Governo Popular de Pedro Aguirre Cerda e expressos no aço, no transporte, na energia, nos combustíveis e na eletricidade, serão pontos de apoio para ampliar e organizar o capital social de que tanto temos falado.

Por outro lado, é importante não esquecer jamais que temos um compromisso e que vamos cumpri-lo: acatar o direito de opinião, o direito à crítica. E aqui mesmo respondo aos jovens da Universidade Católica – tão preocupados – que o governo do povo respeitará os que discordarem dele. A crítica não nos preocupa, só exigimos que ela se faça no contexto jurídico que nós mesmos estamos respeitando.

Quero reiterar que, pela primeira vez na história, um povo buscou conscientemente o caminho da revolução com o menor custo social. E é indispensável entender esse feito: respeitando todas as ideias, respeitando irrestritamente todas as crenças.

Quis reiterar que temos um programa e que vamos cumpri-lo sejam quais forem as dificuldades que tenhamos de vencer. Para que o Chile rompa com o atraso, o desemprego, a inflação, a miséria moral e fisiológica; para que a criança tenha futuro e o ancião, tranquilidade, devemos aproveitar os excedentes que produzem poupança e investi-los de maneira planejada no desenvolvimento econômico e social do nosso país. Por isso as nacionalizações são fundamentais para fortalecer a área da economia social de que fala o nosso programa. Por isso vamos nacionalizar as riquezas fundamentais que estão nas mãos do capital estrangeiro, bem como os monopólios que o capital estrangeiro ou o grande capital nacional detêm atualmente.

Queremos fazer isso em função das necessidades do Chile e do seu povo, da nossa capacidade técnica para manter as empresas estratégicas, não nos níveis atuais, mas em mais altos níveis de produção. É essencial entender isso e também que cabe ao governo acelerar ou reter esse processo de acordo com a realidade. E apelo à consciência dos trabalhadores para que entendam que é o seu governo que estabelece a técnica e os métodos para proceder, e que a esse governo deve ser dada a confiança necessária para que ele possa alcançar as metas traçadas.

Estamos abrindo no Chile um novo horizonte para vocês. No setor social e no setor misto da economia, os trabalhadores deixarão de ser simples assalariados. Escutem bem, vocês vão deixar de ser simples assalariados para se integrar, junto com os representantes do Estado – que são vocês mesmos –, à direção dessas empresas, respeitando a organização sindical, que tem uma atividade diferente. Se é isso que propomos na área social e na área mista, devemos entender que o funcionamento dos comitês de produção nas empresas privadas é fundamental. Há no país, hoje, mais de 35 mil empresas. Nessa etapa, vamos nacionalizar menos de 1% delas – escutem bem – e no Chile há 35 mil empresas. Por isso mesmo, devemos compreender que a atividade das empresas não nacionalizadas, das pequenas e médias empresas, é indispensável ao processo de desenvolvimento econômico. Queremos que haja comitês de produção nessas empresas, porque o trabalhador não é uma máquina, é um ser humano que pensa, sofre, tem esperanças e pode contribuir para a melhoria da produção, mesmo nessas organizações.

O companheiro Victor Díaz, cujo discurso documentado era necessário para que os operários tivessem consciência da realidade que confrontamos, indicou que o governo, por meu intermédio, resolveu entregar o canal da Rádio Balmaceda à CUT [Central Unitaria de Trabajadores]. Quanto a isso, pergunto: os trabalhadores, os jornalistas, os comentaristas, os que trabalham ali conheciam a realidade dessa empresa? Pois vou lhes dizer. Em primeiro lugar, faz mais de dois anos que caducou a sua concessão de ondas longas. O governo democrata-cristão não renovou a concessão e a Rádio Balmaceda, com um capital de 300 milhões, deve 3,8 bilhões de pesos. E ela obteve um empréstimo de 2,8 bilhões do Banco de Crédito e Investimentos, sem nenhuma garantia, e mais 700 milhões em letras de câmbio para dar conta desse enorme passivo. Não acredito, e digo isso claramente, que a Democracia Cristã esteja agindo certo ao querer comprar essa rádio, já que isso implica, se não um compromisso, um fato estranho para um partido político. Essa emissora perdeu dez vezes o seu capital. Essa rádio deve ser dos trabalhadores, porque eu não a entreguei nem aos trabalhadores socialistas, nem aos radicais, nem aos comunistas: ela foi entregue à Central Única, que, felizmente, tem também trabalhadores cristãos, tem trabalhadores da Democracia Cristã.

Eu disse que nas empresas privadas e públicas deve haver comitês de produção, porque nossa necessidade fundamental, nossa prioridade básica é aumentar a produção. Tantas vezes já disse e tantas vezes voltarei a dizer: os povos só progridem trabalhando, produzindo mais, estudando mais. Mas trabalhar para uma minoria – e isso os povos entendem e sabem – é muito diferente de produzir para o Chile e para todos. Por isso enfatizo e insisto que é fundamental que haja um esforço maior, um sacrifício maior e um maior empenho patriótico para trabalhar e produzir mais, porque assim vocês estarão garantindo o futuro da pátria e mostrando aos que conspiram contra ela e o governo que ele aconteceu. Por isso ressalto que fez muito bem o companheiro Victor Díaz quando ressaltou o que representa o esforço dos trabalhadores do carvão, da purina, do salitre ou dos setores têxteis nacionalizados. É demonstração de uma consciência que é importante destacar e um exemplo que deve ser imitado. Também é importante saber que o novo sentido do trabalho implica novas obrigações. Antes, quando o Estado estava a serviço dos capitalistas, os trabalhadores do setor público ou privado adotavam necessariamente uma atitude exigente, postulando aumentos de ordenados e salários diante do aumento do custo de vida. Quer dizer, lutavam reivindicativamente. Hoje, é preciso entender, os trabalhadores são governo, o povo é governo. O setor público não está financiando uma minoria, mas colocando os excedentes a serviço de vocês, a serviço do povo e do Chile. Por isso é preciso olhar pelo outro lado da barricada e assumir a enorme responsabilidade, a transcendente responsabilidade que implica ser governo.

Uma parte do Estado está nas mãos dos trabalhadores por intermédio dos partidos populares e da Central Única, que representa todos os níveis da organização sindical. E se digo "uma parte do Estado" é porque há outros poderes independentes, como o Judiciário ou o Legislativo, nos quais não temos maioria. Por isso vocês devem entender que, além das dificuldades inerentes a essa realidade, temos de nos atribuir diferentes objetivos. O primeiro de todos: consolidar o poder político. O segundo: ampliar esse poder político, o poder popular. E fazer isso da maneira mais efetiva e realista, de acordo com as condições chilenas. Quando falo em ampliar o poder político, penso que, além dos limites da Unidades Popular, há milhares e milhares de cidadãos que podem se juntar a nós. Há milhares e milhares sem domicílio político, e há outros que, ainda que o tenham, não podem se esquecer nem dos princípios nem das ideias, e por isso convido esses cidadãos, fraternalmente, abertamente, a trabalhar pelo novo Chile e pela pátria melhor que queremos para todos os chilenos.

Consolidar e ampliar o poder popular supõe vitalizar os partidos políticos na base para tornar efetiva a unidade, para manter um diálogo ideológico, polêmico, crítico, mas com lealdade e sem olhar a parcela partidária, mas a grande responsabilidade comum que enfrentamos.

Fortalecer o poder popular e consolidá-lo significa tornar mais poderosos os sindicatos com uma nova consciência, a de que são um pilar fundamental do governo, mas não estão dominados por ele e, sim, conscientemente, participam, apoiam, ajudam e criticam a sua ação.

Significa fortalecer o poder popular, organizar a mobilização do povo, mas não apenas no período eleitoral; mobilizar o povo diariamente, em todas as horas, em cada minuto. E devemos estar conscientes disso.

Um povo disciplinado, organizado, consciente é, com a franca lealdade das Forças Armadas e dos carabineiros, a melhor defesa do Governo Popular e do futuro da pátria.

Fortalecer, ampliar e consolidar o poder popular significa ganhar a batalha da produção. Escutem bem, companheiros trabalhadores: ganhar a batalha da produção. Tenho aqui em mãos e compartilharei o resumo de um documento publicado nos Estados Unidos por um jornal financeiro. Jornais chilenos não reproduzem o que está publicado aqui.

Mas o que ele diz? O que aponta esse documento? Ele afirma que os empréstimos do Banco Mundial não estão diretamente sob o controle dos Estados Unidos, mas que boa parte do capital vem da Tesouraria do país e que, certamente, Washington pode ter influência na decisão. Querem cortar nossos créditos, pretendem tomar esse caminho. Diz que cada atividade, e ele se refere aos empréstimos, parece ser contrária à legislação vigente, que, interpretada por qualquer critério sensato, parece proibir a ajuda dos Estados Unidos ao Chile. E acrescenta, com a maior boa vontade do mundo, que os Estados Unidos podiam fazer pouco ou nada para salvar o Chile do desastre.

Quão piedosos e compassivos eles são conosco, não?! Porque, segundo eles, os trabalhadores chilenos agora têm menos e muito menos o que comprar. E acrescentam que não haverá produção no Chile. E dizem: "Os trabalhadores têm pouco tempo para o trabalho". O absenteísmo em Valparaíso chega em média a 25% por dia de trabalho portuário e dizem ainda, com ironia, "exceto na segunda-feira, quando chega a 40%". Isso ainda não foi publicado no Chile, mas reflete uma intenção que o povo vai entender: começar a criar dificuldades econômicas que repercutam nas bases políticas em que se apoia o governo. Enquanto isso, os nossos jornais, os jornais que exigem liberdade, publicam o que querem e reproduzem artigos que, desgraçadamente, em muitas capitais latino-americanas e da Europa, escrevem contra nós, desfigurando o que somos, o que queremos e para onde vamos. Mas, ao lado disso, e sabíamos que isso ia acontecer, está a ampla solidariedade, está a atitude de respeito de governos que, sem compartilhar a nossa orientação, têm concepções de princípio afins quanto à autodeterminação e à não intervenção; está a presença dos trabalhadores, que manifestaram sua adesão ao Chile nos países industriais do capitalismo e em países industriais do socialismo; está a atitude dos trabalhadores latino-americanos, cuja solidariedade nós sentimos muito de perto, porque sabemos que é leal, porque a história de ontem e a de hoje tornará possível a luta cada vez mais irmanada, mais profunda dos nossos povos.

E quero destacar, como um fato de grande significado moral e solidário: a palavra de Cuba. Há pouco aconteceu uma gigantesca manifestação em Havana, por ocasião do aniversário da vitória do povo em Playa Girón. O Chile esteve presente na palavra do senador da Unidade Popular, companheiro e amigo Volodia Teitelboim. Fidel Castro, além de fazer uma síntese histórica das lutas dos povos latino-americanos e do povo cubano, se referiu ao Chile com palavras que refletem o seu amplo e grande espírito solidário, perfeita imagem do fraterno espírito do povo de Cuba quando se trata do Chile. O que disse Fidel Castro, cujo discurso só foi parcialmente publicado e com tergiversações, extraindo-se dele parágrafos para que os setores reacionários pudessem comentá-lo ao seu sabor? O que disse Fidel referindo-se a nós?

> Logicamente, nós estamos de todo coração ao lado do povo chileno e estamos dispostos a mostrar nossa solidariedade em qualquer campo. Por exemplo, nós agora restabelecemos o comércio com o Chile. Enviamos açúcar, um

importante produto de consumo popular no Chile. Eles nos mandam feijões, alho, cebolas.

Enquanto os chilenos puderem retribuir nosso açúcar e puderem nos enviar alimentos e madeira, receberemos alimentos e madeira; mas se, como consequência das manobras contrarrevolucionárias do imperialismo e da contrarrevolução interna, sabotarem a produção de alimentos do Chile, e se amanhã eles já não puderem nos enviar nem alhos, nem cebolas, nem feijões, não importa, não é por isso que deixaremos de mandar nosso açúcar ao povo do Chile.

E acrescenta: "Dizemos ao povo irmão do Chile, ao governo da Unidade Popular, ao presidente Allende: ao povo do Chile não faltará açúcar. Faremos o que seja necessário, com mais produção, tirando até do nosso próprio consumo". E termina: "Expresso ao povo do Chile, desinteressadamente, fraternalmente, com o espírito de Girón, que, quando precisarem, podem contar com o nosso sangue; que, quando precisarem, podem contar com as nossas vidas". Essa é a solidariedade, esse é um conceito de revolução sem fronteiras.

Houve quem dissesse que, pelo oferecimento das vidas dos homens de Cuba, Fidel Castro estaria insinuando que as Forças Armadas, os carabineiros ou o povo do Chile não seriam capazes de resistir a uma ameaça. Não. Basta lembrar àqueles que desfiguram a palavra de Fidel Casto que os nossos povos nasceram para a independência política, porque homens nascidos em pátrias distintas alçaram a bandeira comum. E Bolívar e Sucre e San Martín e O'Higgins foram latino-americanos para lutar com armas por sua independência.

Por isso, não venham desfigurar nem a história nem a raiz do conteúdo fraterno que devem ter os povos em relação ao nosso governo e às nossas lutas. Porém, reitero, o grande combate, a grande batalha do Chile é, agora e sempre, a produção. A produção, entendam, gravem aqui e para sempre, gravem em seu cérebro e em seu coração, repito, a batalha de agora e sempre é a batalha da produção. É preciso produzir mais. E para aumentar a produção a longo prazo precisamos aumentar também os investimentos, os excedentes, escutem bem, os excedentes das empresas.

Os lucros das empresas servirão, em parte, para melhorar os vencimentos e os salários dos que trabalham nelas, mas uma porcentagem maior desses lucros e desses excedentes deve ser investida para criar novas fontes de trabalho, novas empresas, para mobilizar a capacidade ociosa de muitas outras. Por isso fez muito bem o companheiro Victor Díaz quando assinalou que não pode haver pautas com reivindicações exageradas. Que os limites não sejam ultrapassados, porque não vamos aceitar. Isso não é nenhum jogo de amarelinha. O que está em jogo é o destino do Chile. Não pode haver setores privilegiados, não pode haver uma aristocracia de operários e empregados ou técnicos. Todos temos de apertar o cinto.

Companheiros, imaginem se as empresas do setor público não tivessem lucro, se tudo fosse gasto em vencimentos e salários? O que aconteceria? Como poderíamos avançar? Levaríamos essas empresas diretamente à ruína e à falência. E isso eles devem entender muito claramente: as empresas do setor misto, as empresas do setor social não pertencem a seus trabalhadores. A CAP [Compañía de Acero del Pacífico] não é dos trabalhadores do aço. Chuquicamata, El Salvador e El Teniente não são dos trabalhadores do cobre. Elas pertencem aos trabalhadores da pátria. E os operários do cobre e do aço devem se orgulhar de trabalhar para si mesmos, mas, sobretudo, de trabalhar para os seus outros irmãos de classe, para todo o Chile. Por isso, desejo citar dois exemplos, e peço muita atenção. (Já está tarde, vão chegar morrendo de fome em casa e a maioria das velhinhas vai deixar vocês sem almoço.)

Quero dar dois exemplos: o cobre e a terra. Escutem, companheiros. Cobre: o cobre é o ordenado do Chile. E que o governo e o povo dos Estados Unidos entendam isso. Quando propomos nacionalizar nossas minas, não fazemos isso para agredir os investidores dos Estados Unidos. Se fossem japoneses, soviéticos, franceses ou espanhóis, faríamos do mesmo jeito. Nós precisamos do cobre para o Chile.

Precisamos do que vai para fora das nossas fronteiras como lucro dessas empresas para impulsionar o desenvolvimento da nossa nação, além do ferro, do salitre e das empresas nacionalizadas. Lembrem-se de que em mais de cinquenta anos saíram do país, como lucro do cobre, mais de 3 bilhões de dólares. Agora, com a nacionalização, anualmente podemos reter 90 milhões de dólares adicionais. Isso significará, nos próximos 20 anos, ao preço de 50 centavos por libra, 1,83 bilhão de dólares. Se o preço médio chegar a 55 centavos por libra, serão 2,114 bilhão de dólares. Nós precisamos desse excedente, desse aumento de renda para executar os planos de desenvolvimento econômico do Chile, junto com os excedentes de outras empresas ou indústrias nas mãos do Estado, junto com os tributos e os impostos que todos, absolutamente todos os chilenos pagamos. É fundamental, portanto, que se entenda a importância do cobre e por que devemos entender e fazer com que o povo entenda o que isso representa como responsabilidade para os operários, para os técnicos, para os profissionais chilenos.

Partiram, foram embora de Chuquicamata 240 técnicos estadunidenses. Não os dispensamos, eles foram embora. Devemos substituí-los por técnicos e operários nossos, temos de substituí-los por nossos profissionais, temos de improvisar a técnica custe o que custar, e temos de fazer com que Chuquicamata produza ainda mais. Os chilenos que trabalham lá vão ter de suar cobre para defender o Chile. E terão de fazer isso, porque é isso que nós, o povo, estamos pedindo e exigindo deles.

Ontem pela manhã, vivi horas amargas, companheiros. Me disseram que três seções de Chuquicamata haviam parado essa semana, sem justificativa nenhuma. E isso logo agora, quando há operários na direção dessas empresas. Me disseram que estavam exigindo que todos os trabalhadores fossem indenizados, para depois serem recontratados, quando tomarmos definitivamente as empresas. Foi um choque de consciência e me doía, como revolucionário, que fosse verdade. Nesta manhã me ligaram de Antofagasta e me disseram que a assembleia do sindicato rechaçou a proposta que, inoportunamente, havia sido feita por alguns trabalhadores e, o que é pior, por alguns dirigentes políticos que andam à caça de votos. Isso mostra a consciência dos companheiros de Chuquicamata e daqui os saúdo, porque a atitude deles também representa uma contribuição essencial à pátria.

Eu disse que, além do cobre, temos o problema da terra. E vocês têm de entender isso, vocês que trabalham em Santiago, a maioria dos que estão aqui, nesta concentração, que não são camponeses. Mas, no Chile todo, certamente me escutam trabalhadores do campo. Esse é um problema muito sério. Se o cobre é o ordenado do Chile, a terra é o alimento para a fome, e não podemos continuar produzindo o que até agora temos produzido. Por isso impulsionei a reforma agrária. Por isso modifiquei a propriedade da terra. Por isso temos de mudar os métodos de exploração. Por isso temos de introduzir o crédito, a semente, o fertilizante e o apoio técnico para o camponês, para o pequeno e o médio produtor rural. Por isso temos de acabar com o minifúndio. E por isso temos de acabar com o latifúndio.

Vejam bem, companheiros que me escutam em todo o Chile: todos os anos nascem 300 mil chilenos ou mais. E, apesar da alta mortalidade infantil, são muitas novas bocas que temos de alimentar. Se a produção se mantiver nos níveis atuais, com um incremento de apenas 1,8%, com uma população crescendo de 2,5% a 2,7% ao ano, chegaríamos ao ano 2000 (ano que vocês vão alcançar, e eu também, hein?)... Chegaríamos ao ano 2000 tendo de importar, escutem bem, 1 bilhão de dólares em carne, trigo, banha, manteiga e azeite. Hoje importamos de 180 a 200 milhões de dólares por ano. E em 2000 teríamos de importar 1 bilhão de dólares. Toda a exportação chilena alcança 1,05 bilhão de dólares.

Calculem vocês o drama que temos pela frente e a tremenda responsabilidade da reforma agrária. Por isso lhes digo claramente, por isso disse ao povo do Chile, disse aos que trabalham na terra, gritei com paixão para que me ouvissem em Cautín e em Valdivia, em Osorno e em Llanquihue, nas províncias agrárias do Centro e do Norte: vamos acabar com o latifúndio. Este ano expropriaremos mil fazendas que estão além da reserva legal e acabaremos com o minifúndio.

Mas não basta expropriar, é preciso fazer com que a terra produza e temos de respeitar a lei. Não podemos criar o caos na produção. Não podemos nos apropriar das terras e deixá-las sem produzir. O governo tem de respeitar a determinação e o planejamento do Executivo. Estou dizendo a vocês e estou dizendo aos funcionários do Indap [Instituto de Desarrollo Agropecuario] e da Cora [Corporación de la Reforma Agraria]: não se pode infringir a lei. O que faria um homem, o que faria eu, se tivesse sido agricultor por quarenta ou cinquenta anos, se não tivesse mais casa nem pão para os meus filhos, se a lei me dá um direito e chegam funcionários e não respeitam a lei? O que faz esse homem que não pode, na sua idade, conseguir outro trabalho? Por que não vamos ter senso humano e justo? Peço ao povo que trabalha na terra, peço aos camponeses: tenham confiança, para isso criamos o Conselho Camponês. Não se salvará um só latifúndio no Chile, mas o pequeno e o médio proprietário contarão com o nosso apoio, com a nossa ajuda, com a assistência técnica necessária, com a semente e com o fertilizante, para cumprir os planos de produção indispensáveis para alimentar o povo, camaradas.

Por isso devemos ter consciência: a revolução não se faz com palavras, companheiros, ela se faz nos fatos. E fazer a revolução não é fácil, ou outros povos já a teriam feito, em outras latitudes ou neste continente.

É preciso ter o nível político, a devida responsabilidade para entender que não basta falar de revolução. É preciso fazer a revolução interior, que autorize quem a faz a exigir o mesmo dos outros. E é por isso que lhes falo assim neste 1º de Maio, com paixão, com a responsabilidade que temos perante o Chile e perante a história: novas metas, mais organização, mais disciplina, desprendimento, sem egoísmo; superar o horizonte pequeno de cada empresa, indústria ou cada cercado para olhar o problema das classes em seu conjunto, sejam camponeses, operários, empregados, técnicos ou profissionais.

Por isso devo dizer-lhes que li com preocupação um documento publicado no jornal *La Prensa* de 29 de abril, no qual há uma entrevista com um dirigente camponês, um companheiro chamado Fuentes. Não houve desmentido, por isso comento. Que diz esse dirigente? Diz que está com o governo, mas que se o governo ficar no meio do caminho, ele vai seguir adiante. Há aqueles que dizem ter autonomia para fazer as coisas que quiserem, os que dizem que, apesar de o governo não ter expropriado todos os prédios, eles acham necessário fazer isso, e fazem e farão, e acrescenta: "Porque é preciso enfrentar o companheiro Allende e o companheiro Baytelman".

Camaradas, o companheiro Victor Díaz disse: "Companheiro Allende, toque para a frente". Eu vou tocar para a frente. Não vou pôr o pé no freio, camaradas. Mas que saibam de uma vez por todas, sobretudo os militantes da Unidade Popular: aqui tem um governo e um presidente, e se toco para a frente é porque pelejo rijo e não aceito... (Me desculpe a expressão, cardeal Silva Henríquez, mas sei que o senhor me entende e concorda comigo.)

Pois bem, dei esse exemplo porque se cada um tomar o caminho que lhe der na telha, vai ser um caos, companheiros, e é isso que eles querem: que não se produza no campo, que não se produza nas indústrias, que haja dificuldades. O poder de compra que vocês têm agora permite que se venda como nunca se vendeu. Mas certas coisas precisam ser repostas. Em quinze dias, ou em dois meses, acabam os estoques. E se as indústrias não produzem... o Chile não está acostumado a racionamentos e não queremos isso. Por isso, temos de produzir no campo, nas indústrias, companheiros. E por isso quero também, muito tranquilamente, como companheiro de todos vocês, quero lhes dizer o seguinte: eu trouxe comigo um relatório do senhor procurador-geral da República, feito a meu pedido. Nele duas empresas fiscais são estudadas, sobretudo uma delas, e aqui estão os números percentuais de absenteísmo dos seus empregados e empregadas. (Foi isso que publicou, com muita alegria, o jornal estadunidense a que me referi.) E o que é pior, esse relatório da Procuradoria confirma o que eu disse ao povo lá na outra praça, há poucos dias. Eu disse que, desgraçadamente, faltavam ao trabalho empregados e operários simulando estar doentes, e disse ainda que, lamentavelmente, também havia alguns profissionais médicos que, sem o menor senso de responsabilidade, sem compreender o juramento hipocrático, se prestavam a dar atestados que, no fundo, são falsos. Operários e empregados que ganham mais sem trabalhar, porque a lei é absurda, e médicos que recebem uma porcentagem por cada atestado que dão. Soube de alguns que chegam a ganhar 50, 60, 80 milhões de pesos por mês. Comuniquei ao Colégio Médico do Chile, fui presidente desse colégio durante cinco anos, tenho autoridade moral para dizer o que digo, porque essa lei fui eu que fiz, e também a lei que criou o Serviço Nacional de Saúde e o Estatuto do Médico Funcionário: nunca a profissão de médico neste país caiu aos níveis morais aos quais alguns quiseram levá-la. Não podemos aceitar conluio entre operários e médicos para fraudar o fisco, o povo e o próprio Chile, camaradas.

Para terminar (pois não gosto da exploração do homem pelo homem), vocês sabem o que o governo fez e o companheiro Victor Días explicou há pouco em detalhes: do meio litro de leite ao controle de 53% das ações bancárias e à entrega do mercado do dólar aos bancos nacionalizados, da nacionalização de empresas monopolistas à reconquista das riquezas básicas que estavam nas mãos do capital estrangeiro, fizemos e faremos tudo o que for necessário para deter a inflação, para reduzir a ociosidade. Mas não se detém a inflação se não se produz mais, camaradas. Porque havendo demanda maior e não havendo como resposta uma produção maior, os preços sobem, e quem paga as consequências? Vocês. E, sobretudo, os pensionistas, os aposentados, os beneficiários de montepios, os que vivem de renda fixa, de ordenados e salários. O governo faz, cumpre, realiza, mas a responsabilidade não é exclusivamente dele. Ela recai sobre vocês também. Fundamentalmente, é responsabilidade dos trabalhadores. Quando falo dos trabalhadores, refiro-me aos camponeses, operários, empregados, técnicos, intelectuais, profissionais. Falo de pequenos e médios empresários, industriais e comerciantes. A responsabilidade recai sobre os trabalhadores. O que enfraquece e divide os trabalhadores debilita o governo. O que fortalece os trabalhadores fortalece o governo. Entendam isso. O futuro da revolução chilena está, hoje mais do que nunca, nas mãos dos que trabalham. Depende de vocês ganharmos a grande batalha da produção. O governo, dia após dia, mostra do que é capaz. Mas ele não poderá realizar mais, se não contarmos com o apoio, a vontade consciente e revolucionária de vocês, companheiros trabalhadores.

Por isso, como eu dizia, é preciso vitalizar os movimentos, os sindicatos e os partidos populares e, sobretudo, os operários e os camponeses devem ter consciência de sua responsabilidade. A revolução, o destino, o futuro do Chile estão nas mãos de vocês. Se fracassarmos no campo econômico, fracassaremos no campo político, e será a decepção e a amargura para milhões de chilenos e para milhões de irmãos de outros continentes que estão nos observando e apoiando. Temos de entender que, além das nossas fronteiras, da África e da Ásia, e aqui no coração da América Latina, homens e mulheres observam, com interesse apaixonado e fraterno, o que estamos fazendo. Pensem, companheiros, que em outros lugares povos se sublevaram para fazer sua revolução e a contrarrevolução os esmagou. Rios de sangue, prisão e morte marcam a luta de muitos povos, em muitos continentes. E naqueles países onde a revolução triunfou, o custo social foi elevado, custo social em vidas que não têm preço, camaradas. Custo social em existência de crianças, homens e mulheres, que não pode ser medido em dinheiro. E naqueles países em que a revolução triunfou, ainda foi preciso superar o caos econômico criado pela luta e o drama do combate ou da guerra civil. Aqui podemos fazer a revolução pelos cursos que o Chile buscou, com menos custo social, sem sacrificar vidas e sem desorganizar sua produção. Conclamo a todos com paixão, conclamo a todos com carinho, como um irmão mais velho, a entender a nossa responsabilidade. Falo como o companheiro presidente para defendermos o futuro do Chile, que está nas mãos de vocês, trabalhadores da minha pátria.

21 DE MAIO DE 1971

DISCURSO AO CONGRESSO PLENO

Concidadãos do Congresso,[2]

Ao comparecer aqui perante os senhores para cumprir o mandato constitucional, atribuo a esta mensagem uma dupla transcendência: é a primeira de um governo que acaba de assumir a direção do país e é transmitida diante de exigências únicas na nossa história política.

Por isso quero lhe conceder um conteúdo especial, consoante com o seu significado presente e o seu alcance para o futuro.

Durante 27 anos, estive presente neste recinto, quase sempre como parlamentar de oposição. Hoje, apresento-me

---

2 O Congresso Pleno é uma sessão plenária das duas câmaras (Câmara dos Deputados e Senado), convocada pelo presidente do Senado para que o presidente da República preste contas da situação política e administrativa da Nação (a Conta Pública Presidencial); para que o Tribunal Qualificador Eleitoral proclame o presidente eleito; para que o presidente eleito preste juramento antes de tomar posse; e, excepcionalmente, para eleger o presidente em certas situações de vacância. [N. T.]

como chefe do Estado, pela vontade do povo ratificada pelo Congresso.

Sei muito bem que aqui foram debatidas e fixadas as leis que ordenavam a estrutura agrária latifundiária, mas aqui também foram derrogadas instituições obsoletas para assentar as bases legais da reforma agrária que estamos levando a cabo. As normas institucionais nas quais se baseia a exploração estrangeira dos recursos naturais do Chile foram estabelecidas aqui. Mas este mesmo Parlamento está revisando essas normas para devolver aos chilenos o que pertence a eles por direito.

O Congresso elabora a institucionalidade legal e assim regulamenta a ordem social na qual está arraigado; por isso, durante mais de um século, foi mais sensível aos interesses dos poderosos que ao sofrimento do povo.

No começo desta legislatura, devo colocar o seguinte problema: o Chile tem agora no governo uma nova força política cuja função social é dar respaldo não à classe dominante tradicional, mas às grandes maiorias. A essa mudança na estrutura de poder deve corresponder, necessariamente, uma profunda transformação na ordem socioeconômica que o Parlamento é chamado a institucionalizar.

Dado o avanço da liberação de energias chilenas para reconstruir o país, passos mais decisivos devem ser dados. À reforma agrária em marcha, à nacionalização do cobre, que só está aguardando a aprovação do Congresso Pleno, cumpre acrescentar agora novas reformas. Seja por iniciativa do Parlamento, seja por proposta do Executivo, seja por iniciativa conjunta de todos os poderes, seja com apelação legal ao fundamento de todo poder, que é a soberania popular expressa em consulta plebiscitária.

Temos o desafio de questionar tudo. Temos urgência em perguntar a cada lei, a cada instituição existente, e até a cada pessoa, se ela está servindo ou não ao nosso desenvolvimento integral e autônomo.

Estou certo de que poucas vezes na história se apresentou ao Parlamento de qualquer nação um desafio dessa magnitude.

A SUPERAÇÃO "DO CAPITALISMO" NO CHILE

As circunstâncias na Rússia em 1917 e no Chile no presente momento são muito diferentes. No entanto, o desafio histórico é semelhante.

A Rússia de 1917 tomou as decisões que mais afetaram a história contemporânea. Ali se acreditou que a Europa atrasada poderia alcançar a Europa avançada, que a primeira revolução socialista não se daria, necessariamente, nas entranhas das potências industriais. Ali se aceitou o desafio e se edificou uma das formas de construção da sociedade socialista que é a ditadura do proletariado.

Como a Rússia de então, o Chile se encontra diante da necessidade de iniciar uma maneira nova de construir a sociedade socialista: a nossa via revolucionária, a via pluralista, antecipada pelos clássicos do marxismo, porém nunca antes concretizada. Os pensadores sociais supuseram que os primeiros a empreender essa via seriam as nações mais desenvolvidas, provavelmente a Itália e a França, com seus poderosos partidos operários de orientação marxista.

No entanto, mais uma vez, a história permite romper com o passado e construir um novo modelo de sociedade não apenas onde teoricamente era mais previsível, mas onde se criaram condições concretas mais favoráveis para que lograsse. O Chile é hoje a primeira nação do mundo chamada a conformar o segundo modelo de transição à sociedade socialista.

Esse desafio desperta vivo interesse além das fronteiras da nossa pátria. Todos sabem, ou intuem, que aqui e agora a história começa a mudar, na medida em que nós, chilenos, tenhamos consciência da empreitada. Alguns de nós, minoritários talvez, veem somente as enormes dificuldades da tarefa. Outros, majoritários, buscamos a possibilidade de realizá-la com êxito. No que me concerne, estou certo de que teremos a energia e a capacidade necessárias para levar adiante o nosso esforço, moldando a primeira sociedade socialista construída segundo um modelo democrático, pluralista e libertário.

Os céticos e os catastrofistas dirão que é impossível. Dirão que um Parlamento que tão bem serviu às classes dominantes será incapaz de se transfigurar para ser o Parlamento do povo chileno.

Alguns disseram, enfaticamente, que as Forças Armadas e o Corpo de Carabineiros, que sustentaram até então a ordem institucional que superaremos, não aceitariam garantir a vontade popular decidida a construir o socialismo no nosso país. Esquecem-se da consciência patriótica das nossas Forças Armadas e dos carabineiros, sua tradição profissional e sua submissão ao poder civil. Para falar nos próprios termos do general Schneider, nas Forças Armadas, como "parte integrante e representativa da Nação e como estrutura do Estado, o permanente e o temporário organizam e contrapesam as mudanças periódicas que regem sua vida política dentro de um regime legal".

De minha parte declaro, senhores membros do Congresso Nacional, que, fundando-se esta instituição no voto popular, nada em sua própria natureza a impede de se renovar para se transformar de fato no Parlamento do povo. E afirmo que as Forças Armadas chilenas e o Corpo de Carabineiros, mantendo a fidelidade ao seu dever e à sua tradição de não interferir no processo político, serão o respaldo de uma ordenação social que corresponda à vontade popular expressa nos termos estabelecidos pela Constituição. Uma ordenação mais justa, mais humana e mais generosa para todos, mas essencialmente para os trabalhadores, que até hoje deram tanto sem quase nada receber.

As dificuldades que enfrentamos não se situam nesse campo. Elas residem, na verdade, na extraordinária complexidade das tarefas que nos esperam: institucionalizar a via política rumo ao socialismo e ter êxito a partir da nossa realidade presente, de sociedade afligida pelo atraso e pela pobreza característicos da dependência e do subdesenvolvimento; romper com os fatores que causam o atraso e ao mesmo tempo construir uma nova estrutura socioeconômica capaz de promover a prosperidade coletiva.

As causas do atraso estavam, e ainda estão, na conjunção das classes dominantes tradicionais com a subordinação externa e a exploração classista interna. Elas lucravam com a associação aos interesses estrangeiros e com a apropriação dos excedentes produzidos pelos trabalhadores, deixando a estes últimos apenas um mínimo indispensável para recompor a sua capacidade laboral.

Nossa primeira tarefa é desfazer essa estrutura constritiva, que gera um crescimento deformado. Mas, simultaneamente, devemos construir a nova economia, de modo que suceda à anterior sem solução de continuidade, conservando ao máximo a capacidade produtiva e técnica, a despeito das vicissitudes do subdesenvolvimento, sem crises artificialmente criadas pelos que perderão seus arcaicos privilégios.

Para além dessas questões básicas, há uma questão que desafia o nosso tempo com uma questão fundamental: como devolver ao homem, sobretudo ao jovem, um sentido de missão que lhe infunda uma nova alegria de viver e dê dignidade à sua existência? Não há outro caminho a não ser se apaixonar pelo esforço generoso de realizar grandes tarefas impessoais, como a autossuperação da própria condição humana, até hoje envilecida pela divisão entre privilegiados e despossuídos.

Ninguém pode imaginar, hoje, soluções para os tempos longínquos do futuro, quando todos os povos terão alcançado a abundância e a satisfação das suas necessidades materiais e herdado, ao mesmo tempo, o patrimônio cultural da humanidade. Mas aqui e agora, no Chile e na América Latina, temos a possibilidade e o dever de desencadear as energias criadoras, em especial as da juventude, para missões que nos comovam mais do que qualquer outra realização do passado.

Tal é a esperança de construir um mundo que supere a divisão entre ricos e pobres. E, no nosso caso, construir uma sociedade na qual a guerra de uns contra os outros na competição econômica seja proscrita; na qual a luta por privilégios profissionais não tenha sentido; na qual não exista a indiferença pela destino alheio que transforma os poderosos em extorsionários dos mais fracos.

Poucas vezes os homens precisaram tanto como agora de fé em si mesmos e na sua capacidade de refazer o mundo, de renovar a vida.

Vivemos um tempo inverossímil, que nos proporciona os meios materiais para realizar as utopias mais generosas do passado. O que impede tais realizações é o peso de uma herança de cobiças, medos e tradições institucionais obsoletas. Entre a nossa época e aquela do homem liberado em escala planetária, o que medeia é a superação dessa herança. Só assim os homens poderão ser convocados a se reconstruir, não como produtos de um passado de escravidão e exploração, mas como realização consciente das suas potencialidades mais nobres. Esse é o ideal socialista.

Um observador ingênuo, situado num país desenvolvido que possua esses meios materiais, poderia supor que esta reflexão é um novo estilo dos povos atrasados de pedir ajuda, mais um apelo dos pobres pela caridade dos ricos. Não é disso que se trata. Muito pelo contrário. A organização interna de todas as sociedades sob hegemonia dos despossuídos, as mudanças nas relações de intercâmbio internacional exigida pelos povos espoliados terá como consequência não apenas liquidar a miséria e o atraso dos pobres, mas também liberar os países poderosos de sua condenação ao despotismo. Da mesma forma que a liberação do escravo liberta o amo, a construção socialista com que se defrontam os povos do nosso tempo tem sentido tanto para as nações deserdadas como para as privilegiadas, já que umas e outras arrojarão os grilhões que degradam a sua sociedade.

Senhores membros do Congresso Nacional,
Aqui estou para incitá-los à façanha de reconstruir a nação chilena tal como a sonhamos. Um Chile onde todas as crianças comecem a vida em igualdade de condições, graças à atenção médica que recebem, à educação que lhes é propiciada e ao alimento que comem. Um Chile onde a capacidade criadora de cada homem e cada mulher encontre uma forma de florescer, não contra os demais, mas a favor de uma vida melhor para todos.

NOSSO CAMINHO RUMO AO SOCIALISMO

Cumprir essas aspirações supõe um longo caminho e enormes esforços de todos os chilenos. Supõe, além disso, como requisito fundamental, que possamos estabelecer os meios institucionais da nova forma de organização socialista no pluralismo e na liberdade. A tarefa é de uma complexidade extraordinária, porque não há precedente em que possamos nos inspirar. Pisamos num caminho novo; avançamos sem guia por um terreno desconhecido, tendo como bússola somente a nossa fidelidade ao humanismo de todas as épocas – em particular ao humanismo marxista – e tendo como norte o projeto de sociedade que desejamos, inspirada nas aspirações mais profundamente enraizadas no povo chileno.
Científica e tecnologicamente, há muito tempo é possível criar sistemas produtivos para garantir a todos os bens fundamentais dos quais desfrutam hoje apenas uma minoria. As dificuldades não estão na técnica ou, no nosso caso pelo menos, na carência de recursos naturais ou humanos. O que impede a realização desses ideais é o modo de organização da sociedade. Nessas situações

estruturais e nesses constrangimentos institucionais devemos concentrar a nossa atenção.

Em termos mais claros, nossa tarefa é definir e pôr em prática, como via chilena para o socialismo, um modo novo de Estado, de economia e de sociedade, centrado no homem, em suas necessidades e aspirações. Para isso é preciso a coragem dos que ousaram repensar o mundo como um projeto a serviço do homem. Não existem experiências anteriores que possamos usar como modelo. Temos de desenvolver a teoria e a prática de novas formas de organização social, política e econômica, tanto para a ruptura com o subdesenvolvimento como para a criação socialista.

Somente poderemos cumprir tal tarefa se não nos excedermos nem nos afastarmos dela. Se nos esquecermos de que a nossa missão é estabelecer um projeto social para o homem, toda a luta do nosso povo pelo socialismo será apenas mais uma tentativa reformista. Se nos esquecermos das condições concretas das quais partimos, também fracassaremos.

Caminhamos rumo ao socialismo não por amor acadêmico a um corpo doutrinário. O que nos empurra é a energia do nosso povo, que conhece o imperativo inevitável de vencer o atraso e sente que o regime socialista é o único que se oferece às nações modernas para que se reconstruam com liberdade, autonomia e dignidade. Vamos rumo ao socialismo pelo rechaço voluntário, através do voto popular, do sistema capitalista e dependente, cujo saldo é uma sociedade cruelmente desigual, estratificada em classes antagônicas, deformada pela injustiça social e degradada pela deterioração das próprias bases da solidariedade humana.

Em nome da reconstrução socialista da sociedade chilena, ganhamos as eleições presidenciais e confirmamos a nossa vitória nas eleições municipais. Essa é nossa bandeira e, em torno dela, mobilizaremos politicamente o povo como ator do nosso projeto e legitimador da nossa ação. Nossos planos de governo são o Programa da

Unidade Popular, com o qual concorremos às eleições. E nossas obras não sacrificarão a atenção às necessidades dos chilenos de agora em benefício de empreendimentos ciclópicos. Nosso objetivo não é outro senão a construção progressiva de uma nova estrutura de poder, fundada nas maiorias e centrada em satisfazer no menor prazo possível as necessidades mais urgentes das gerações atuais.

Atender as reivindicações populares é a única forma de contribuir efetivamente para a solução dos grandes problemas humanos; porque nenhum valor universal merece esse nome se não é redutível ao nacional, ao regional e até às condições locais de existência de cada família.

Nosso ideário pode parecer demasiado simples para os que preferem as grandes promessas. Mas o povo necessita abrigar suas famílias em casas decentes, com um mínimo de facilidades higiênicas, educar seus filhos em escolas que não tenham sido feitas apenas para pobres, comer o suficiente a cada dia do ano. O povo necessita de trabalho, amparo na doença e na velhice, respeito à sua individualidade. É isso que aspiramos oferecer num prazo previsível a todos os chilenos. O que foi negado à América Latina durante séculos. O que algumas nações começam a garantir agora a toda a sua população.

Mas por trás dessa tarefa, e como requisito fundamental para levá-la a cabo, há outra igualmente transcendental. Precisamos mobilizar a vontade dos chilenos para dedicar nossas mãos, nossas mentes e nossos sentimentos à recuperação do povo para ele mesmo, para nos integrar à civilização deste tempo como donos do nosso destino e herdeiros do patrimônio de técnicas, saber, arte e cultura. Orientar o país para a atenção a essas aspirações fundamentais é a única maneira de satisfazer as necessidades populares, de suprimir as diferenças com os mais favorecidos. E, sobretudo, oferecer trabalho à juventude, abrindo-lhe amplas perspectivas de uma existência fecunda como construtora da sociedade em que deverá viver.

Concidadãos do Congresso,

O mandato que nos foi confiado envolve todos os recursos materiais e espirituais do país. Chegamos a um ponto em que o retrocesso ou o imobilismo significam uma catástrofe nacional irreparável. É minha obrigação, nesta hora, como primeiro responsável pelo destino do Chile, expor claramente o caminho pelo qual estamos avançando e o perigo e a esperança que, simultaneamente, se nos deparam.

O Governo Popular sabe que a superação de um período histórico é determinada pelos fatores sociais e econômicos que foram previamente conformados por esse mesmo período histórico. Eles enquadram os agentes e as modalidades da mudança histórica. Ignorar isso seria ir contra a natureza das coisas.

No processo revolucionário que estamos vivendo há cinco pontos essenciais para os quais conflui o nosso combate político e social: a legalidade, a institucionalidade, as liberdades políticas, a violência e a socialização dos meios de produção, questões que afetam o presente e o futuro de cada concidadão.

O PRINCÍPIO DE LEGALIDADE

No Chile, rege hoje o princípio de legalidade. Ele se impôs depois de muitas gerações de luta contra o absolutismo e a arbitrariedade no exercício do poder do Estado. É uma conquista irreversível enquanto houver diferença entre governantes e governados.

Não é o princípio de legalidade o que denunciam os movimentos populares. Protestamos contra uma organização legal cujos postulados refletem um regime social opressor. Nossa normativa jurídica, as técnicas ordenadoras das relações sociais entre os chilenos respondem hoje às exigências do sistema capitalista. No regime de transição para o socialismo, as normas jurídicas responderão às necessidades de um povo empenhado em construir uma nova sociedade. Mas haverá legalidade.

Nosso sistema legal deve ser modificado. Daí a grande responsabilidade das Câmaras neste momento: contribuir para que a transformação do nosso sistema jurídico não seja bloqueada. Do realismo do Congresso depende, em grande medida, que a legalidade socialista suceda à legalidade capitalista, conforme as transformações socioeconômicas que estamos implantando, sem que uma fratura violenta da juridicidade abra as portas para arbitrariedades e excessos que, responsavelmente, queremos evitar.

DESENVOLVIMENTO INSTITUCIONAL

O papel social ordenador e regulador que corresponde ao regime de direito está integrado ao nosso sistema institucional. A luta dos movimentos e partidos populares que hoje estão no governo contribuiu substancialmente para uma das realidades mais promissoras com que conta o país: temos um sistema institucional aberto, que resistiu até mesmo aos que pretenderam violar a vontade do povo.

A flexibilidade do nosso sistema institucional nos permite esperar que ele não seja uma rígida barreira de contenção. E que, da mesma forma que o nosso sistema legal, ele se adapte às novas exigências para gerar, pelos canais constitucionais, a nova institucionalidade exigida pela superação do capitalismo.

A nova ordem institucional corresponderá ao postulado que legitima e orienta a nossa ação: transferir aos trabalhadores e ao povo em seu conjunto o poder político e o poder econômico. Para que isso seja possível, a propriedade social dos meios de produção fundamentais é prioritária.

Ao mesmo tempo, é preciso adequar as instituições políticas à nova realidade. Por isso, em momento oportuno, submeteremos à vontade soberana do povo a necessidade de substituir a atual Constituição, de base liberal, por uma Constituição de orientação socialista. E o sistema bicameral atual pela Câmara Única.

É de acordo com essa realidade que o nosso Programa de Governo se comprometeu a realizar a sua obra revolucionária, respeitando o Estado de direito. Não é um simples compromisso formal, mas o reconhecimento explícito de que o princípio de legalidade e a ordem constitucional são consubstanciais com um regime socialista, apesar das dificuldades que encerram para o período de transição.

Manter tais princípios, transformando seu sentido e classe durante este difícil período, é uma tarefa ambiciosa de importância decisiva para o novo regime social. Não obstante, sua realização escapa à nossa vontade: dependerá fundamentalmente da configuração da nossa estrutura social e econômica, da sua evolução a curto prazo e do realismo na atuação política do nosso povo. Neste momento, consideramos que ela é possível, e atuamos em vista disso.

AS LIBERDADES POLÍTICAS

Do mesmo modo, é importante lembrar que, para nós, representantes das forças populares, as liberdades políticas são uma conquista do povo no penoso caminho da emancipação. São parte do que há de positivo no período histórico que deixamos para trás. E, portanto, devem permanecer. Daí também o nosso respeito pela liberdade de consciência e de todos os credos. Por isso destacamos com satisfação as palavras do arcebispo de Santiago, Raúl Silva Henríquez, em sua mensagem aos trabalhadores: "A Igreja que represento é a Igreja de Jesus, o filho do carpinteiro. Assim ela nasceu e assim a queremos sempre. Sua maior dor é que a creiam esquecida de seu berço, que esteve e está entre os humildes".

Mas não seríamos revolucionários se nos limitássemos a manter as liberdades políticas. O governo da Unidade Popular fortalecerá as liberdades políticas. Não basta proclamá-las com palavras, porque seria frustração ou zombaria. Nós as tornaremos reais, tangíveis e concretas, exercitáveis à medida que conquistarmos a liberdade econômica.

Em consequência, o Governo Popular inspira-se para a sua política numa premissa artificialmente negada por alguns: a existência de classes e setores sociais com interesses antagônicos e excludentes, e a existência de um nível político desigual no seio de uma mesma classe ou setor.

Diante dessa diversidade, o Governo Popular corresponde aos interesses de todos os que ganham a vida com o esforço do seu trabalho: operários e profissionais, técnicos, artistas, intelectuais e empregados, um bloco social cada vez mais unido em sua condição comum de assalariados. Pelo mesmo motivo, nosso governo ampara os pequenos e médios empresários e todos os setores que, com intensidade variável, são explorados pela minoria proprietária dos centros do poder.

A coalizão multipartidária do Governo Popular corresponde a essa realidade. E no enfrentamento diário dos seus interesses com os da classe dominante, emprega os mecanismos de confrontação e resolução que o sistema jurídico institucional estabelece, reconhecendo as liberdades políticas da oposição e ajustando sua ação dentro dos limites institucionais. As liberdades políticas são uma conquista de toda a sociedade chilena enquanto Estado.

Todos esses princípios de ação, que se apoiam na nossa teoria política revolucionária, que correspondem à realidade do país no momento presente, que estão contidas no Programa de Governo da Unidade Popular, eu os ratifiquei plenamente como presidente da República.

É parte do nosso projeto desenvolver ao máximo as possibilidades políticas do nosso país, para que a etapa de transição rumo ao socialismo seja de superação seletiva do sistema presente, destruindo ou abandonando as dimensões negativas e opressoras, revigorando e ampliando os fatores positivos.

A VIOLÊNCIA

O povo do Chile está conquistando o poder político sem ser obrigado a utilizar as armas. Avança rumo à sua liberação social sem ter tido necessidade de combater um regime despótico ou ditatorial, mas combatendo as limitações de uma democracia liberal. Nosso povo aspira legitimamente a percorrer a etapa da transição para o socialismo sem ter de recorrer a formas autoritárias de governo.

Nossa vontade quanto a este ponto é muito clara. Mas a responsabilidade de garantir a evolução política rumo ao socialismo não reside unicamente no governo, nos movimentos e partidos que fazem parte dele. Nosso povo se levantou contra a violência institucionalizada que faz pesar sobre ele o atual sistema capitalista. E por isso estamos transformando as bases desse sistema.

Meu governo tem origem na vontade popular livremente manifestada. Somente a ela ele responde. Os movimentos e os partidos que fazem parte dele orientam a consciência revolucionária das massas e expressam suas aspirações e interesses. E também são diretamente responsáveis perante o povo.

Contudo, é minha obrigação advertir que um perigo pode ameaçar a nítida trajetória da nossa emancipação e alterar radicalmente o caminho que indicam a nossa realidade e a nossa consciência coletiva. Esse perigo é a violência contra a decisão do povo.

Se a violência interna ou externa, a violência sob quaisquer formas, física, econômica, social ou política, chegar a ameaçar o nosso desenvolvimento normal e as conquistas dos trabalhadores, a continuidade institucional, o Estado de direito, as liberdades políticas e o pluralismo correrão o mais sério perigo. O combate pela emancipação social ou pela livre determinação do nosso povo adotará obrigatoriamente manifestações distintas daquilo que, com legítimo orgulho e realismo histórico, denominamos a via chilena rumo ao socialismo. A resoluta atitude do governo, a energia revolucionária do povo, a firmeza democrática das Forças Armadas e dos carabineiros velarão para que o Chile avance com segurança pelo caminho da sua liberação.

A unidade das forças populares e o bom senso dos setores médios nos dão a superioridade indispensável para que a minoria privilegiada não recorra facilmente à violência. Se a violência não irromper contra o povo, poderemos transformar em democracia, pluralismo e liberdade as estruturas básicas sobre as quais se assenta o sistema capitalista. Sem constrangimentos físicos desnecessários, sem desordem institucional, sem desorganização da produção, no ritmo determinado pelo Governo, segundo a atenção às necessidades do povo e ao desenvolvimento de novos recursos.

CONQUISTAR AS LIBERDADES SOCIAIS

Nosso caminho é instaurar as liberdades sociais mediante o exercício das liberdades políticas, o que requer como base o estabelecimento da igualdade econômica. Este é o caminho que o povo traçou para si porque reconhece que a transformação revolucionária de um sistema social exige etapas intermediárias. Uma revolução simplesmente política pode se consumar em poucas semanas. Uma revolução social e econômica exige anos. Os anos indispensáveis para penetrar na consciência das massas. Para organizar as novas estruturas, torná-las operantes e ajustá-las a outras. Imaginar que se possa pular as etapas intermediárias é utópico. Não é possível destruir uma estrutura social e econômica, uma instituição social preexistente, sem antes ter desenvolvido minimamente a estrutura de substituição. Se não reconhecemos essa exigência natural da transformação histórica, a realidade se encarregará de a recordar.

Temos muito presente o ensinamento das revoluções triunfantes. A revolução daqueles povos que, diante da pressão estrangeira e da guerra civil, tiveram de acelerar a revolução social e econômica para não cair no despotismo sangrento da contrarrevolução. E que só depois, durante décadas, tiveram de organizar as estruturas necessárias para superar definitivamente o regime anterior.

O caminho que o meu governo traçou tem consciência desses fatos. Sabemos que mudar o sistema capitalista, respeitando a legalidade, a institucionalidade e as liberdades políticas, é algo que exige adequar nossa ação nos planos econômico, político e social a certos limites. Estes são perfeitamente conhecidos por todos os chilenos. Estão assinalados no Programa de Governo, que está sendo inexoravelmente cumprido, sem concessões, no modo e na intensidade que temos informado de antemão.

O povo chileno, em processo ascendente de maturidade e organização, confiou ao Governo Popular a defesa dos seus interesses. Isso obriga o governo a atuar com total identificação e integração com as massas, a representá-las, orientando-as. E o impede de se afastar com atuações retardatárias ou precipitadas. Hoje mais do que nunca, a sincronização entre o povo, os partidos populares e o governo deve ser precisa e dinâmica.

Cada etapa histórica responde aos condicionamentos da etapa anterior e cria os elementos e os agentes da etapa seguinte. Percorrer a etapa de transição sem restrições das liberdades políticas, sem vazio legal ou institucional, é, para nosso povo, um direito e uma reivindicação legítima. Porque está prefigurando em termos concretos sua plena realização material na sociedade socialista.
O Governo Popular cumprirá com sua responsabilidade neste momento decisivo.

Na organização e na consciência do nosso povo, manifestada pelos movimentos e partidos de massas, pelos sindicatos, está o principal agente construtor do novo regime social. Na mobilização permanente e multiforme, segundo as exigências objetivas de cada momento.

Essa responsabilidade, não necessariamente do governo, esperamos que seja compartilhada pela Democracia Cristã, que deverá manifestar sua coerência em relação aos princípios e aos programas que tantas vezes expôs ao país.

A SOCIALIZAÇÃO DOS MEIOS DE PRODUÇÃO

Concidadãos,

Em seis meses de governo, temos atuado em todas as frentes de decisão. Nosso labor econômico está dirigido para a quebra das barreiras que impedem o total florescimento das nossas potencialidades materiais e humanas. Em seis meses de governo, avançamos com energia no caminho da transformação irreversível. O relatório impresso que acabamos de entregar presta contas detalhadas da nossa atuação.

O Chile iniciou a recuperação definitiva da nossa principal riqueza básica, o cobre. A nacionalização do nosso cobre não é um ato de vingança ou de ódio a um grupo, governo ou nação. Pelo contrário, temos uma atitude positiva de exercício de um direito inalienável para um povo soberano: o desfrute pleno dos nossos recursos nacionais, explorados com o trabalho e o esforço nacional. Recuperar o cobre é uma decisão do Chile e exigimos o respeito de todos os países e governos por uma decisão unânime de um povo livre. Pagaremos pelo cobre se for justo pagar, ou não pagaremos se for injusto. Velaremos pelos nossos interesses. Seremos implacáveis, se comprovarmos que a negligência ou a atividade dolosa de pessoas ou entidades estão prejudicando o país.

Nacionalizamos outra das nossas riquezas fundamentais: o ferro. Há pouco tempo, fechamos uma negociação com a Bethlehem Corporation, pela qual a mineração do ferro passou inteiramente para a área da propriedade social. Estudamos nos últimos meses a constituição de um complexo nacional do aço que agrupará seis empresas em torno da CAP. O acordo com a indústria estadunidense mostrou mais uma vez que o governo oferece um tratamento equitativo ao capital estrangeiro, sem renunciar aos interesses básicos da nossa nação. Mas não estamos dispostos a tolerar o menosprezo por nossas leis nem a falta de respeito pelas autoridades que verificamos em algumas empresas estrangeiras. Recuperamos o carvão para a propriedade coletiva.

O salitre também é nosso. Por um compromisso do governo anterior, teríamos de pagar 24 milhões de dólares em debêntures num prazo de quinze anos, que, com os juros, perfaziam 38 milhões de dólares. As ações do setor estadunidense valiam teoricamente 25 milhões de dólares. Tudo isso foi resgatado por 8 milhões de dólares a serem pagos em dois anos.

Incorporamos à área da propriedade social várias empresas – entre elas Purina, Lanera Austral, as fábricas têxteis Bellavista Tomé, Fiap e Fabrilana. Requisitamos a indústria de cimento e a indústria Yarur, quando vimos que o abastecimento estava ameaçado. Para evitar que quebrasse, adquirimos parte importante do ativo da Empresa Editora Zig Zag, que constituirá a base de uma indústria gráfica e editorial que satisfaça as necessidades culturais do novo Chile.

Em todas as empresas incorporadas à área da propriedade social, o país pôde comprovar o apoio decidido dos trabalhadores, o aumento imediato da produtividade, a participação ativa dos operários, empregados e técnicos no manejo e na administração.

Acelaramos a reforma agrária, levando a cabo parte importante da tarefa que havia sido estabelecida para este ano: a expropriação de mil latifúndios. O processo é conduzido com respeito à legislação vigente e resguardando os interesses do pequeno e do médio agricultor. Queremos instaurar uma nova agricultura, mais vigorosa, mais sólida em sua organização, muito mais produtiva. Queremos que o Chile seja capaz de satisfazer suas necessidades de alimentos. Queremos que os homens que vivem da terra se beneficiem equitativamente dos frutos do seu trabalho.

A estatização do sistema bancário foi um passo decisivo. Com respeito absoluto pelos direitos do pequeno acionista, estatizamos nove bancos e estamos prestes a obter o controle majoritário de outros. Em vista dos antecedentes, esperamos chegar a um acordo razoável com os bancos estrangeiros. Buscamos assim a direção do aparelho financeiro e a ampliação da área social nos ramos produtores de bens materiais. Queremos pôr o novo sistema bancário a serviço da área socializada e dos pequenos e médios industriais, comerciantes e agricultores, até agora discriminados.

A POLÍTICA ECONÔMICA CONJUNTURAL

Essas foram as nossas primeiras ações para iniciar a transformação essencial e definitiva da nossa economia. Mas não fizemos apenas isso. Aplicamos também uma política de curto prazo com o objetivo central de aumentar a disponibilidade de bens materiais e serviços para o consumo, destinando esse incremento aos setores mais desfavorecidos.

Travamos uma dura luta para frear a inflação, eixo da nossa política redistributiva. A ação anti-inflacionária adquiriu uma conotação política nova e será o elemento mobilizador da luta popular. Combater o aumento dos preços significa, para o povo, conservar o maior poder de compra que lhe foi dado, enquanto este se consolida definitivamente com o aprofundamento das tarefas de construção socialista. Ao mesmo tempo, os empresários privados têm tido a possibilidade de ganhos equitativos, compensando o menor lucro por unidade com volumes maiores de produção.

Na prática, essa política rendeu frutos apreciáveis em termos redistributivos. Sabemos, porém, que a reativação programada tem enfrentado obstáculos. Por um lado, certos grupos empresariais estão tentando impedir o êxito das nossas medidas mediante a lentificação aberta ou disfarçada da produção. Por outro, a falta de audácia de alguns setores excessivamente inseridos nos esquemas tradicionais de produção baixa e lucratividade alta impede que eles compreendam a conjuntura atual e façam uma maior contribuição ao processo produtivo. Mas essa é a sua obrigação social. Contra os que não a cumprirem, deliberadamente ou não, aplicaremos todos os instrumentos legais ao nosso dispor para continuar a estimulá-los e, caso seja necessário, obrigá-los a produzir mais.

Paralelamente, estamos conduzindo uma política social para melhorar a alimentação das nossas crianças, proporcionar atenção médica mais diligente, ampliar substancialmente nossa capacidade educacional, iniciar um programa indispensável de construção de moradias, colocar como necessidade nacional urgente uma maior absorção do desemprego.

E estamos fazendo isso sem desordens, com justiça, procurando sempre que o custo social seja o menor possível. Hoje, o homem do nosso povo tem um poder maior de compra, consome mais, sente que os frutos do esforço conjunto estão sendo mais bem distribuídos. E, ao mesmo tempo, tem o direito de se sentir dono das suas minas, dos seus bancos, da sua indústria, da sua terra, do seu futuro.

Não nos medimos nem nos comparamos a governos anteriores. Somos fundamentalmente diferentes. Mas se essa comparação fosse feita, inclusive com os indicadores mais tradicionais, sairíamos favorecidos. Conseguimos a taxa de inflação mais baixa dos últimos anos; iniciamos a redistribuição de renda mais efetiva que o Chile já viu;

construiremos mais casas este ano do que nunca se fez em período igual de tempo; e, apesar dos agourentos, mantivemos o fluxo normal de abastecimento dos bens essenciais.

LIMITAÇÕES À AÇÃO DO GOVERNO

Somos fundamentalmente diferentes dos governos anteriores: este governo sempre dirá a verdade ao povo. Creio que é meu dever dizer honestamente que cometemos erros, que dificuldades imprevistas atrasaram a execução dos planos e programas. Mas ainda que a produção de cobre não tenha chegado àquela planejada, ainda que a produção de salitre não tenha alcançado o milhão de toneladas, ainda que não tenhamos construído todas as moradias previstas, em cada um desses itens superamos amplamente a mais alta produção de cobre e salitre e casas que jamais se registrou na nossa nação.

Não conseguimos coordenar adequadamente as múltiplas instituições do setor estatal, por isso há ineficiência em algumas decisões. Mas estamos constituindo mecanismos de racionalização e planejamento mais expeditos.

Ao assumir o poder, nós nos dedicamos de imediato a cumprir os compromissos contraídos com o país. Com a Central Única de Trabalhadores, estudamos a Lei de Reajustes e assinamos o convênio CUT-governo. Enviamos um projeto de lei ao Congresso no qual estabelecemos um aumento de salário para o setor público equivalente a 100% do aumento do custo de vida e elevamos em escala maior os salários mínimos correspondentes ao setor privado. Creio, porém, que foi um equívoco não termos chegado a um acordo amplo com os trabalhadores para fixar critérios mais precisos de reajuste aplicáveis tanto para o setor público como para o privado.

Outra limitação que temos sofrido são as falhas administrativas, legais e de procedimentos que travam a execução de alguns planos básicos do governo. Por isso é que o plano de moradia, por exemplo, começou com atraso, o que impediu a reativação de certas indústrias ou a redução do número de desempregados. Nos meses de abril e maio, a atividade econômica ligada à construção começou a se animar.

Existe uma vasta área de atividades públicas que formam o setor de serviços na qual estão presentes os vícios muito arraigados. Milhões de chilenos são vítimas diárias da papelada burocrática, da lentidão e das tramitações. Cada ação exige dezenas de trâmites, papéis, assinaturas e carimbos. Quantas horas cada chileno perde na luta contra o burocratismo, quanta energia criadora é desperdiçada, quanta irritação inútil. As autoridades do governo não dedicaram esforço suficiente para enfrentar esse mal endêmico. O setor mais responsável dos empregados o trouxe à tona.

Também avançamos lentamente na configuração dos mecanismos sociais de participação popular. Estão prontos os projetos de lei que dão personalidade jurídica à CUT e institucionalizam a incorporação dos trabalhadores à gestão política, social e econômica do Estado e das empresas; porém, mal esboçamos a forma de participação nas regiões, na comunidade e na entidade privada. Devemos garantir não apenas uma participação vertical dos trabalhadores, por exemplo, dos operários da indústria segundo o ramo, mas também uma participação horizontal para os camponeses, os operários das manufaturas, os mineiros, os empregados, os profissionais, para que se reúnam e discutam em conjunto os problemas de uma região econômica específica ou do país em sua totalidade. Os sistemas de participação tendem não apenas a uma distribuição mais justa da renda, como também a garantir um rendimento maior.

A integração horizontal do povo não é fácil e sem dúvida exige uma grande maturidade política e consciência coletiva, mas já é um bom começo entender que melhorar a produção de um assentamento rural depende também do trabalho nas fábricas de maquinários, ferramentas, fertilizantes, dos operários que constroem as estradas ou dos pequenos e médios comerciantes que distribuem os bens. A produção é responsabilidade da classe trabalhadora em seu conjunto.

Outra crítica que devemos fazer a nós mesmos é que, nestes primeiros seis meses, não conseguimos ainda mobilizar a capacidade intelectual, artística e profissional de muitos chilenos. Falta muito para que todos os homens de ciência, os profissionais, os construtores, os artistas, os técnicos, as donas de casa, todo aquele que possa e queira cooperar na transformação da sociedade encontre um canal para que o seu talento seja aproveitado.

TAREFAS IMEDIATAS

Nos meses que restam de 1971, o cobre será definitivamente dos chilenos. Do empenho dos operários, empregados e técnicos de Chuquicamata, El Teniente, El Salvador e Andina depende, em grande medida, o volume de produção que alcançaremos neste ano e, portanto, a nossa capacidade de obter divisas e assim manter o abastecimento normal e realizar os nossos programas de investimento. O cobre é o ordenado do Chile. Aqueles que administram essa riqueza e aqueles que a extraem da terra têm em suas mãos não apenas o seu próprio destino, ou o seu próprio bem-estar, mas também o destino e o bem-estar de todos os chilenos.

Vamos aprofundar a revolução agrária, modificando a lei, se for necessário, porque se o cobre é o ordenado do Chile, a terra é o seu pão.

O campo deve produzir mais. Os camponeses, os médios e pequenos proprietários, têm essa responsabilidade. Mas se o governo reconhece seus erros, é justo que os outros reconheçam os seus: as tomadas indiscriminadas de prédios e terrenos agrícolas são desnecessárias e prejudiciais. Pelo que temos feito e por nossa atitude, temos autoridade para que acreditem em nós. Portanto, os planos do governo e o seu ritmo de execução devem ser respeitados.

Aos partidos e grupos políticos que não estão na Unidade Popular, pedimos que reflitam seriamente sobre isso.

Concidadãos,

A construção da área da propriedade social é um dos nossos grandes objetivos. A incorporação da maior parte das nossas riquezas básicas, do sistema bancário, do latifúndio, da maior parte de nosso comércio exterior, dos monopólios industriais e da distribuição é uma tarefa que já foi iniciada e que devemos aprofundar.

No plano econômico, instaurar o socialismo significa substituir o modo de produção capitalista mediante uma mudança qualitativa das relações de propriedade e uma redefinição das relações de produção. Nesse contexto, a construção da área da propriedade social tem um significado humano, político e econômico. Ao incorporar grandes setores do dispositivo produtor a um sistema de propriedade coletiva, acabamos com a exploração do trabalhador, criamos um profundo sentimento de solidariedade, permitimos que o trabalho e o esforço de cada um façam parte do trabalho e do esforço comuns.

No campo político, a classe trabalhadora sabe que a sua luta é pela socialização dos nossos principais meios de produção. Não há socialismo sem área de propriedade social. Incorporar dia a dia novas empresas à área de propriedade social exige um estado de alerta permanente da classe trabalhadora. Requer também um alto grau de responsabilidade. Construir o socialismo não é uma tarefa fácil, não é uma tarefa breve. É uma tarefa longa e difícil, da qual a classe trabalhadora deve participar com disciplina, com organização, com responsabilidade política, evitando as decisões anárquicas e o voluntarismo inconsequente.

A importância do setor público é uma tradição no nosso país. Aproximadamente 40% do gasto é público. Mais de 70% do investimento é de origem estatal. O setor público foi criado pela burguesia nacional para favorecer a acumulação privada, para consolidar as estruturas produtivas concentradas do ponto de vista tecnológico e patrimonial.

Nosso governo pretende torná-lo ainda mais importante quantitativamente, mas também qualitativamente diferente.

O dispositivo estatal tem sido usado por monopólios para desafogar suas crises financeiras, obter apoio econômico e consolidar o sistema. Até agora, o que caracteriza o nosso setor público é a sua natureza subsidiária da atividade privada. Por isso algumas empresas públicas acusam déficits globais importantes, enquanto outras são incapazes de gerar excedentes de magnitude igual ao de algumas empresas privadas.

Por outro lado, o dispositivo estatal chileno tem sofrido com a falta da necessária articulação interna entre as suas diferentes atividades. Enquanto não a tiver, será impossível uma contribuição decisiva para uma economia socialista. O controle de alguns ramos de produção não significa que a área pública dispõe dos mecanismos de direção para cumprir com os objetivos socialistas no que tange ao emprego, à acumulação, ao aumento de produtividade e à redistribuição da renda.

Portanto, é preciso ampliar a propriedade social e construí-la com uma nova mentalidade. As expropriações dos meios de produção mais importantes permitirão o grau de coesão do dispositivo público imprescindível para os grandes objetivos nacionais. Por isso um dos critérios gerais para definir a área da propriedade social é a necessidade de concebê-la como um todo único, integrado, capaz de gerar todas as suas potencialidades a curto e médio prazo.

Isso implica a urgência de estabelecer um sistema de planejamento que atribua os excedentes econômicos às distintas tarefas da produção. Neste ano, começamos a estruturar esse sistema criando órgãos assessores, como os Conselhos Nacionais e Regionais de Desenvolvimento; formulamos o Plano Anual 1971 e, durante o resto do ano, os organismos de planejamento elaborarão o Plano de Economia Nacional 1971-76. Nosso propósito é que nenhum projeto de investimento seja levado adiante se não estiver nos planos que o governo aprovará centralmente. Assim pomos fim ao improviso e vamos organizando o planejamento socialista, em cumprimento do Programa da Unidade Popular. A existência da propriedade socializada requer, por definição, um método planejador capaz e efetivo, dotado de força institucional suficiente.

As vantagens do socialismo não surgem de forma espetacular nas primeiras etapas da sua construção. Mas os obstáculos são superados com a criação de uma verdadeira moral do trabalho, com a mobilização política do proletariado, não apenas em torno do seu governo, mas em torno dos meios de produção.

O estabelecimento da área da propriedade social não significa criar um capitalismo de Estado, mas o verdadeiro começo de uma estrutura socialista. A área da propriedade social será dirigida conjuntamente pelos trabalhadores e pelos representantes do Estado, nexo de união entre cada empresa e o conjunto da economia nacional. Não serão empresas burocráticas e ineficazes, mas unidades altamente produtivas que encabeçarão o desenvolvimento do país e conferirão uma nova dimensão às relações laborais.

Nosso regime de transição não contempla a existência do mercado como único guia do processo econômico. O planejamento será o principal orientador dos recursos produtivos. Alguns pensarão que existem outros caminhos. Mas formar empresas de trabalhadores integradas ao mercado liberal significaria disfarçar os assalariados de supostos capitalistas e insistir num meio historicamente fracassado.

A supremacia da área da propriedade social supõe a captação e a utilização do excedente gerado por ela. Consequentemente, é necessário garantir que o setor financeiro e grande parte do setor de distribuição se integrem à área da propriedade social. Em síntese, é preciso controlar o processo produtivo, o financeiro e, parcialmente, o de comercialização.

Devemos fortalecer a área da propriedade social, colocando a seu favor todo o poder do Estado traduzido em sua política econômica: as políticas de crédito, fiscal, monetária, de salários, científica, tecnológica e a política de comércio exterior devem permanecer subordinadas às necessidades de acumulação socialista, ou seja, aos interesses dos trabalhadores.

Paralelamente, devemos ajudar a executar sua contribuição os pequenos e médios industriais, os comerciantes e os agricultores, que durante muitos anos foram um estrato explorado pelos grandes monopólios. Nossa política econômica lhes garante um tratamento equitativo. Não haverá mais espoliação financeira nem extorsão do pequeno vendedor pelo grande comprador. As pequenas e médias indústrias terão um papel ativo na construção da nova economia. Inseridas num dispositivo mais racionalmente organizado e orientado para produzir para a grande maioria dos chilenos, elas apreciarão o respaldo da área social. Os limites dos setores privado, misto e social serão estabelecidos de forma precisa.

Estamos enfrentando uma alternativa de câmbio singular na história econômica. Nenhum país conseguiu um desenvolvimento econômico aceitável sem enormes sacrifícios. Não pretendemos ter descoberto a fórmula para instaurar o progresso econômico e um sistema social mais justo sem custo algum. Não propomos construir, da noite para o dia, uma economia socializada, com distribuição equitativa de renda, com estabilidade monetária, com pleno emprego, com níveis elevados de produtividade. Mas propomos construir essa sociedade com o menor custo social que se possa imaginar nas nossas circunstâncias.

O socialismo não é uma dádiva gratuita que os povos encontram por acaso no seu caminho. Nem a liberação que ele traz consigo.

Obtê-lo significa adiar algumas possibilidades presentes para assentar as bases para o futuro de uma sociedade mais humana, mais rica e mais justa.

NOSSA POLÍTICA EXTERIOR

Os mesmos princípios que inspiram nossa política interior estão presentes na política externa do país. Em conformidade com a Carta das Nações Unidas, nosso país apoia resolutamente a não intervenção nos assuntos internos dos Estados, a igualdade jurídica entre eles, o respeito por sua soberania e pelo exercício de seu direito de autodeterminação. A ação externa do meu governo, tanto no plano bilateral como no plano multilateral, é orientada para a consolidação da paz e da cooperação internacional. Em consequência, o Chile ampliou suas relações diplomáticas a novos países. Nossa primeira decisão foi restabelecer as relações com Cuba, injustamente sancionada. Estabelecemos relações diplomáticas e comerciais também com a China, a Nigéria e a República Democrática Alemã. Estabelecemos relações comerciais com a República Democrática da Coreia e com a República Democrática do Vietnã. E, no contexto latino-americano, apoiamos na OEA [Organização dos Estados Americanos] a redução dos armamentos.

O Chile colaborou com a "Declaração relativa aos princípios de Direito Internacional referentes às relações de amizade e cooperação dos povos", adotada pela Assembleia Geral das Nações Unidas no fim do ano passado. Da mesma forma, subscrevemos o programa de atividades para aplicar a "Declaração sobre a Concessão de Independência aos países e povos coloniais", e interviemos na formulação de uma estratégia internacional para o "Segundo decênio das Nações Unidas para o desenvolvimento".

Nosso combate contra o atraso e a dependência de hegemonias estrangeiras situa o Chile na comunidade de interesses com outros povos da Ásia e da África. Por isso, o Governo Popular tomou a decisão de se unir ativamente ao grupo de nações chamadas "não alinhadas", participando decididamente de suas deliberações e acordos. Nossa concepção universalista das Nações Unidas nos leva a votar a favor do reconhecimento dos legítimos direitos da República Popular da China. Nosso respeito pela independência dos países exige que condenemos a guerra no Vietnã e sua extensão ao Laos e ao Camboja.

Seguindo essa orientação geral, estamos colaborando com a Comissão das Nações Unidas para o Comércio e o Desenvolvimento (Unctad), cuja III Conferência Mundial no próximo abril se realizará em Santiago. E em algumas semanas, em junho, será celebrada também na nossa capital a reunião do Programa das Nações Unidas para o Desenvolvimento. Além disso, é uma honra para mim comunicar que recebi reiterados convites para visitar países deste e de outros continentes. Agradeço essa deferente atitude em nome do Chile.

É propósito do meu governo manter relações amistosas e de cooperação com os Estados Unidos. Estamos empenhados em criar condições de compreensão da nossa realidade que impeçam a geração de conflitos e evitem que questões não essenciais prejudiquem esse propósito, criando obstáculos à solução negociada e amistosa dos problemas que possam surgir. Cremos que essa conduta realista e objetiva será correspondida pelo povo e pelo governo dos Estados Unidos.

Levantamos nossa voz de país soberano com respeito por todas as nações. Mas com a dignidade dos que falam em nome de um país digno. Assim fizemos na Cepal, na Ciap [Comitê Interamericano da Aliança para o Progresso] e em todas as reuniões especializadas onde nossos representantes expuseram o pensamento do Chile.

Reiteramos a profunda crise que atravessa o sistema interamericano e sua expressão institucional, a Organização de Estados Americanos. Esse sistema se baseia numa ficção de igualdade entre todos os membros, em circunstâncias em que a desigualdade é absoluta e o marcado desequilíbrio de poder em favor dos Estados Unidos ampara os interesses dos mais poderosos em detrimento dos mais fracos. E isso num contexto global de dependência cujos efeitos negativos se manifestam em todos os planos. Assim, a crise atual do dólar, provocada pela política interior e exterior dos Estados Unidos, ameaça prejudicar os países do capitalismo industrial. Mas repercutirá de forma mais nociva sobre as economias latino-americanas, na medida em que reduzirá nossas reservas monetárias, diminuirá o crédito e restringirá as relações comerciais.

Da mesma maneira, insistimos que é preciso manter o caráter multilateral das organizações internacionais de financiamento, longe de toda pressão política.

Os países membros dessas instituições não podem ser questionados em seus direitos pela forma de governo que se tenham dado. E as instituições de financiamento internacional não podem ser instrumento dos países poderosos contra os fracos. Utilizar pressões diretas ou sub-reptícias para criar obstáculos ao financiamento de projetos tecnicamente idôneos é alterar a finalidade proclamada dos referidos organismos e uma forma avessa de se intrometer na vida interna dos países contra as suas necessidades.

Nossos esforços para ampliar e fortalecer relações de toda ordem com os países da Europa Ocidental foram correspondidos com claro interesse da parte deles e já temos expressões concretas disso.

E no incremento de intercâmbio e colaboração com os países socialistas meu governo vê tanto um modo adequado de proteger nossos interesses e estimular a economia, a técnica, a ciência e a cultura como um meio de servir às classes trabalhadoras do mundo inteiro.

A América Latina sofre de um estado de submissão que seus países não puderam mudar com fórmulas tradicionais e inoperantes. Há muito tempo, Colômbia, Peru, Bolívia, Equador e Chile se propuseram substituir essas fórmulas por outras novas que, mediante a integração sub-regional, tornem possível o desenvolvimento harmônico de seus recursos em benefício dos nossos objetivos comuns. O Pacto Andino representa um empreendimento exemplar no qual o governo da Unidade Popular está investindo todos os seus esforços. Foi o que demonstramos em Lima e Bogotá.

Meu governo dá especial importância a manter as melhores relações com os países irmãos do continente. É nosso propósito fundamental afiançar todos os vínculos que estreitem nossa amizade constante com a República Argentina, eliminando os obstáculos que se interponham no cumprimento desse objetivo. A situação anômala das nossas relações com a República da Bolívia contradiz a vocação de ambos os povos, por isso faremos o que for possível da nossa parte para normalizá-la.

PAPEL PROTAGONISTA DOS TRABALHADORES

Tudo o que propusemos no campo político, econômico, cultural e internacional é tarefa de um povo. Não de um homem nem de um governo.

Entre novembro e fevereiro, o número de trabalhadores que teve de recorrer à greve diminuiu de 170 mil no período anterior para 76 mil no período atual. A identidade do Governo Popular com os trabalhadores, compartilhando erros e acertos, tornou desnecessários conflitos que antes eram inevitáveis. Este ano não houve greves nem no carvão, nem no salitre, nem no cobre, no ferro, nos têxteis, na saúde, na educação, nem nas ferrovias. Ou seja, não houve greves nas atividades vitais para o progresso do país.

Quero destacar que pela primeira vez no Chile o trabalho voluntário é permanente em algumas empresas estatizadas. E que também pela primeira vez ele é maciço, de Arica a Magalhães, em todos os âmbitos da atividade nacional. Soldados e sacerdotes, estudantes e operários, profissionais e comerciantes, idosos e moças livre e espontaneamente contribuem para a tarefa comum com as horas que lhes pertencem. Manifestação criadora para além da concepção do trabalho como mercadoria. E resposta eloquente àqueles que, dentro e fora do Chile, pretendem tornar críveis coisas que nunca aconteceram nem acontecerão. Há e haverá neste país um governo que sabe que métodos aplica e quando. Como presidente, assumo a responsabilidade por isso.

As grandes ações que temos adiante serão enfrentadas com a identificação responsável e esforçada do nosso trabalhador consigo mesmo, com seus autênticos interesses, que vão muito além dos pequenos e grandes problemas deste dia, deste mês ou deste ano. Na integração dos trabalhadores e de seu representante político, o Governo Popular, temos um instrumento invencível.

Os que vivem de seu trabalho têm hoje em suas mãos a direção política do Estado. Suprema responsabilidade. A construção do novo regime social encontra na base, no povo, seu ator e seu juiz. Ao Estado compete orientar, organizar e dirigir, mas de maneira alguma substituir a vontade dos trabalhadores. Tanto no plano econômico como no plano político, os próprios trabalhadores devem ter o poder de decidir. Conseguir isso será o triunfo da revolução.

Por essa meta combate o povo. Com a legitimidade que dá o respeito aos valores democráticos. Com a segurança que dá um programa. Com a força de ser maioria. Com a paixão de ser revolucionário.

Venceremos.

23 DE AGOSTO DE 1971

DISCURSO SOBRE A PROPRIEDADE AGRÁRIA

Companheiros trabalhadores da terra que vieram de toda a América Latina e dos países socialistas; companheiros dirigentes das diferentes organizações camponesas chilenas; senhor cardeal Raúl Silva Henríquez, chefe da Igreja chilena e bom amigo dos camponeses; companheiros ministros da Agricultura e do Trabalho; companheiros dirigentes do campo, representantes da CUT, parlamentares do povo e companheiros dirigentes dos partidos populares.

Hoje eu fiz questão de ficar com vocês, ainda que seja por uns poucos minutos, antes de deixar o Chile amanhã para percorrer o Equador, a Colômbia e o Peru. Quis vir sentir o cheiro da terra e estar com vocês, companheiros trabalhadores do campo. Quis ouvir o pensamento de vocês e, sobretudo, salientar a importância que tem esta reunião.

Pela primeira vez, realiza-se uma conferência latino--americana pela reforma agrária e pelos direitos sindicais e sociais dos trabalhadores do campo. É uma honra para o Chile ter dado forma a este ato e a esta conferência, que terá extraordinária repercussão no âmbito latino-americano, e tenho certeza de que uma das resoluções fundamentais de vocês, ou a fundamental, será possibilitar a organização de uma grande central dos trabalhadores da terra da América Latina. Saúdo, pois, os representantes das quarenta organizações de camponeses indígenas do continente que lutam pela reforma agrária e por seus direitos sociais. Quero destacar que patrocinam esta conferência: a Confederação Nacional de Assentamentos, a Confederação Camponesa Liberdade, a Confederação Camponesa-Indígena Ranquil, a Confederação Triunfo Camponês e a Confederação Nacional de Cooperativas. Essas organizações representam diferentes tendências do campesinato chileno, mas uniram-se para promover este evento. Da mesma maneira que os representantes que estão aqui, de diferentes países latino-americanos, que são filiados em suas pátrias a diferentes organizações.

Quero salientar, por isso mesmo, o caráter pluralista, democrático desta reunião, indicador de uma grande consciência dos trabalhadores da terra.

Sendo o fato fundamental propor as fases da luta pela reforma agrária, é lógico considerar também – e vocês sabem muito bem disso – que a reforma agrária faz parte do processo de desenvolvimento de um país. Que reforma agrária não é apenas – e isso é muito importante – a mudança de propriedade da terra, mas é, além disso, possibilitar que o trabalhador rural, o camponês, o meeiro, o trabalhador temporário mudem sua vida e sua existência, elevem seu nível e sua capacitação. Reforma agrária é terra, mais crédito, sementes, fertilizantes, planejamento, mecanização, sindicalização da terra. É educação e saúde. Reforma agrária é confirmar a frase mais que centenária de Tupac Amaru, que dizia – e o presidente do Peru a trouxe de volta quando ditou a Lei da Reforma Agrária – que "o patrão não comerá mais do teu suor, companheiro camponês".

Quero dizer que, no que tange ao continente latino-americano, a preocupação fundamental da reforma agrária deve ser, além do camponês, o indígena, o aborígene, o primitivo destas terras. Quero salientar para que se entenda que o governo que presido tem como preocupação fundamental, precisamente, que em nossa pátria há 600 mil descendentes de araucanos nas reduções indígenas, nas províncias de Cautín, Malleco e Bío Bío; que as condições de existência dos descendentes aborígenes são sub-humanas e por isso o governo enviou ao Congresso Nacional um projeto destinado a criar o Instituto do Desenvolvimento Indígena, para que, ao mesmo tempo em se apoiem o aperfeiçoamento, a recuperação das terras indígenas usurpadas, se saiba de uma vez por todas que o araucano será um cidadão igual, não aceitando a lei discriminatória que o colocava à margem das leis que regem restante dos chilenos.

Quero dizer que, na realidade, a reforma agrária nos países capitalistas começa no século XVIII, de acordo com a modalidade dos regimes e sistemas capitalistas. E que o conteúdo da reforma agrária muda com a Revolução de Outubro. Mas quero, com senso de responsabilidade, dizer aos companheiros camponeses que se há um problema sério, grave e profundo nos processos revolucionários é precisamente o problema da reforma agrária e da terra. A experiência da Revolução de Outubro mostrou, por exemplo, que não demorou muito para que Lênin, diante de situações difíceis na Rússia por causa do cerco que os países capitalistas faziam contra a revolução, mudasse o sentido da economia, implementasse o que ficou conhecido como a NEP, a Nova Política Econômica. Essa nova política econômica teve, fundamentalmente, como preocupação mudar a tática que tinha sido adotada na aplicação da reforma agrária e o reconhecimento dos pequenos e médios agricultores. Saliento isso porque em muitos lugares, e também no nosso país, muita gente vive um tanto preocupada e não entende que a reforma agrária apresenta profundas dificuldades e que, por isso mesmo, nossa obrigação é elevar, essencialmente, o nível de capacidade dos camponeses, porque nós precisamos que a terra chilena produza os alimentos que o nosso homem deve consumir.

Como já disse, cada país deve encarar a reforma agrária de acordo com a sua própria realidade. Nós estamos aplicando a Lei de Reforma Agrária ditada pelo governo anterior. Nós a aprofundamos, aceleramos e hoje, depois de meses de governo, expropriamos 1300 sítios, fazendas e latifúndios. O avanço econômico e político é nosso objetivo. Queremos acabar com o latifúndio para mudar as relações de produção; melhorar as condições de vida do camponês no plano cultural, como já disse, sanitário e habitacional; consolidar as organizações camponesas que garantam a continuidade do processo de reforma agrária e a operacionalidade de um sistema nacional de planejamento. Devemos entender que a rigidez das disposições legais dificultou a incorporação de setores marginalmente situados na atividade rural. Ainda me lembro de uma entrevista que os trabalhadores temporários, pela primeira vez na sua história, na sua longa, dolorosa e trágica vida, tiveram com um presidente da República. Pedi que gravassem as palavras simples desses chilenos que não têm terra, casa, previdência social, lar, mulher e filhos, e se têm, não podem viver com eles. Por isso quero salientar aos trabalhadores do campo, aos que já têm a possibilidade de empregar suas mãos, aos que estão nos assentamentos, aos que estarão nos centros reformados, que é duro o problema que temos, mas ele deve ser encarado. Não pode continuar a existir no Chile uma subclasse como o trabalhador temporário, à margem de toda proteção legal e em condições infra-humanas de existência.

Também quero dizer a vocês que o governo tem clara consciência das formas específicas de propriedade e de exploração da terra. Reitero o respeito pela propriedade privada dos pequenos e médios agricultores e vou fazer com que eles sejam incorporados aos planos nacionais de produção. O governo impulsionará a organização dos pequenos agricultores de maneira que as pequenas economias camponesas se incorporem a formas coletivas de exploração, e à integração da propriedade individual na propriedade social, para formar grandes unidades produtivas.

Quero salientar que haverá liberdade irrestrita para que o campesinato decida ingressar ou não nessas novas formas de organização da propriedade. Portanto, serão aceitas três formas de propriedade: a estatal, a cooperativa e a privada. Cada uma dessas formas tem de estar em relação com a zona, com a região, com as características do solo, mas fundamentalmente, como já disse, deve contar com a consciência e a decisão dos trabalhadores da terra. Todos os conceitos anteriores de propriedade serão aplicados de acordo com as condições sociais, políticas e econômicas das diferentes partes do país. A cooperativa como empresa de propriedade coletiva do camponês deve ser conduzida pelos próprios camponeses. O centro de reforma agrária deve ser entendido como uma empresa de propriedade do povo, que agrupará contingentes de trabalhadores e será dirigido e administrado pelos próprios trabalhadores, que se adequarão ao programa e ao desenvolvimento do plano agropecuário do governo. Por isso foram estabelecidos, na regulamentação do novo setor reformado, os centros de reforma agrária. Eles não afetam em nada os assentamentos, mas haverá uma modificação de seus regulamentos. Vamos ouvir diretamente, conversar e discutir com as organizações que representam os assentados, como fizemos e continuaremos fazendo, porque não faremos nada sem o conhecimento daqueles diretamente interessados.

Considerando a ideia medular ou central que já expus, o governo se apoiará em amplos setores das massas sociais populares do campo para realizar seus objetivos na prática. No plano nacional e em cada zona de província ou comuna, de acordo com o tipo de organização existente, estamos criando conselhos camponeses, por intermédio dos quais os camponeses constituirão os órgãos de ação. Esses conselhos camponeses canalizarão a intervenção direta e o plano de desenvolvimento agropecuário nas expropriações, na organização de trabalhos em terras expropriadas, no crédito, na comercialização da produção e dos insumos.

Quis resenhar, sobretudo para os companheiros que estão nos visitando, nosso pensamento central, que incide essencialmente na vontade sacrificada do camponês que tem de entender, e já entende, que depende fundamentalmente dele o desenvolvimento econômico do Chile, e que depende dele que o homem do Chile possa se alimentar em condições satisfatórias. Já disse e volto a repetir: o problema da terra é o problema do trigo; o problema do trigo é o problema da farinha; o problema da farinha é o problema do pão; e temos de proporcionar o pão, simbolizando nessa acepção o alimento para o homem. Já disse um companheiro nesta mesma tribuna: o Chile é um país que tem de gastar 180, 200 milhões de dólares para trazer a carne, o trigo, a banha, a manteiga e o azeite que a nossa terra deveria produzir. E não nos esqueçamos de que neste ano, como consequência da neve, dos temporais, do terremoto e das erupções vulcânicas, esse investimento com certeza aumentará até 1972. Devemos pensar nas dificuldades nas minas de cobre, consequência da nacionalização dessas riquezas básicas, que hoje pertencem aos chilenos. Por isso eu disse muitas vezes que o cobre é o ordenado do Chile, e a terra é o seu pão. Por isso, esta manhã, como presidente do povo e companheiro de vocês, eu os conclamo, companheiros trabalhadores da terra, a que se esforcem, que produzam mais.

Compreendam que um processo de reforma agrária não se faz da noite para o dia, que temos acelerado as ações, que no próximo ano não sobrará um só latifúndio no Chile e que eles serão entregues aos nossos camponeses. Mas também temos de encarar o problema do minifúndio e, ali, é necessária uma organização unitária entre vocês, como dizia um companheiro, que eleve a capacidade de conhecimento do camponês. A experiência herdada de geração em geração deve ser enriquecida com os conhecimentos técnicos que permitam fazer a terra render mais. Um ministro da Agricultura dos Estados Unidos disse que a década de 1970 seria a década da fome na América Latina. Dizer que esta vai ser a década da fome é afirmar o que os camponeses e os trabalhadores da América Latina já sabem. 63% dos latino-americanos se alimentam mal. Eu mesmo já disse muitas vezes, com pesar, que aqui no Chile, por falta de proteínas, há 600 mil crianças com atraso mental.

Por isso, companheiros, antes de percorrer outros países e levar uma mensagem de paz e solidariedade, quis estar aqui com vocês. Sei que não preciso pedir a vocês para se inclinarem sobre o sulco para plantar a semente que se transformará em alimento. Sei que vocês já entendem que o suor com que empapam a terra se destina a fazer com que vocês tenham alimentos para as suas famílias e para o povo. O cobre é nosso e produzirá mais. A terra, nas mãos de vocês, tem de produzir mais. É preciso trabalhar mais e se esforçar mais. Temos de tornar realidade a promessa de que haverá pão para todas as bocas e para todas as mesas.

Companheiros camponeses chilenos, vocês têm um compromisso com a própria consciência e agora com os trabalhadores que vêm de países latino-americanos e países socialistas. Sei que vocês cumprirão esse compromisso, porque ao cumpri-lo vocês estarão defendendo o futuro do Chile, que está nos filhos do povo, nos filhos de vocês.

4 DE MAIO DE 1972

DISCURSO NA UNIVERSIDADE DE CONCEPCIÓN

Quero manifestar, primeiramente, à comunidade universitária da província de Concepción nosso pesar pelo falecimento da senhora Esther Barañao de Molina, que foi a esposa e companheira do homem que depositou, com a sua capacidade e o seu esforço, a primeira pedra desta Universidade.

Comunidade universitária, estimados amigos Edgardo Enríquez e Galo Gómez, companheiro e jovem amigo Manuel Rodríguez, presidente da Federação de Estudantes, autoridades civis, militares, dos carabineiros e eclesiásticas.

Foi para mim e para os que fazem parte da minha reduzida comitiva – o ajudante de ordens da Aeronáutica Roberto Sánchez – extraordinariamente significativo estar com vocês neste dia.

Graças ao convite das autoridades desta Universidade e dos estudantes, tive a oportunidade de visitar e presenciar a inauguração de importantíssimos avanços materiais que significam uma contribuição excepcional ao trabalho que expandiu amplamente este centro universitário.

Estar na biblioteca, poder compreender e comparar, com a distância, a diferença material entre nós que estudamos há tanto tempo e os que estudam hoje. Pensar no que encerra em termos de conhecimento, técnica e ciência essa biblioteca que está aqui a serviço de vocês e da comunidade. Caminhar alguns passos, penetrar num conjunto de salas que permitirão aprender e ensinar.

Chegar até um novo lar universitário, contribuir, depositar a primeira pedra de outro lar que levará o nome de um companheiro e amigo meu, o ministro da Habitação, operário, caído como combatente na luta para dar teto e abrigo a nossos compatriotas, é algo que me toca muito intimamente e que agradeço.

Depois, estar aqui para escutar não uma prestação de contas, mas uma breve síntese do reitor que nos permite mensurar integralmente o desenvolvimento desta universidade tão importante na vida do Chile. Dar-se conta do conteúdo democrático que encerram as propostas das autoridades. Deduzir, com clareza, das próprias palavras do reitor, que esta é uma universidade comprometida com o processo revolucionário de transformações que o nosso país está vivendo.

Escutar meu jovem companheiro incursionar com conhecimento no frio emaranhado da teoria para buscar, a partir do ângulo de suas convicções, a abordagem que ele expõe limpidamente sobre o processo revolucionário chileno.

Esses são fatos que, para mim, têm uma grande e profunda significação, e mais ainda, como disse o próprio reitor e afirmou Manuel Rodríguez, esta fervilhante assembleia.

Estive pensando, desde que entrei aqui: em quantos países do mundo seria possível presenciar um espetáculo como este?

Diante das autoridades do governo, diante das autoridades universitárias, uma comunidade estudantil fervilhante, que sabe das ideias e que as discute, que bebe dos princípios, das doutrinas e das teorias revolucionárias que analisa. Uma juventude que expressa antagonismo em seus gritos, mas que em sua ação – estou certo – afiançará a unidade da juventude a serviço do Chile e do seu povo. [*aplausos*]

Escutamos a orquestra da Universidade e o conjunto local Grisú, que trouxe a capacidade criativa dos trabalhadores e disse em versos quão duro é o poço da mina, quão escuro é o carvão, mas como o ilumina o homem que tem consciência revolucionária para indicar o caminho da justa rebeldia dos povos. [*aplausos*]

Já vim no ano passado e, mesmo que não me convidem, voltarei no ano que vem. [*aplausos*] Isso tem duplo alcance, se espero que seja uma grata notícia para vocês e uma notificação para os que prefeririam que eu não viesse. [*risos*]

Pois bem, vir a esta assembleia é algo que tem para mim um conteúdo vivificante, tonificante. Me faz esquecer um pouco a peleja, às vezes pequena ou média, às vezes grande, lá na capital, e eu gosto deste ambiente, onde sei de antemão, e talvez na justa proporção, que vou receber umas tantas vaias e uns quantos aplausos. [*aplausos*] Vou usar uma frase de um velho político do século passado. Essas frases também têm serventia [*risos*]: "Acostumado a navegar no tempestuoso mar da política, não me causam entusiasmo os aplausos dos meus partidários nem as vaias dos meus adversários". [*aplausos*]

Claro que penso que vocês não vão ser tão generosos a ponto de não me vaiarem, porque aí já seria exceder-se um pouco.

Bem dizia Manuel Rodríguez: estou aqui como companheiro presidente da República. Trouxe vinte e seis páginas e meia, espaçamento duplo [*risos*], mas vou deixá-las no bolso e conversar com vocês em voz alta. [*aplausos*]

Porque acredito que é indispensável que os homens do governo, os dirigentes sindicais, os dirigentes políticos de máxima responsabilidade busquem o diálogo e o contato com a juventude. Eles devem buscar esse contato, porque são indiscutivelmente os jovens que sempre terão a responsabilidade efetiva do futuro. São os jovens, pelo fato de serem jovens, que devem ser mais permeáveis às correntes renovadoras, ao pensamento criador, à vontade de ação construtiva e revolucionária. Devemos buscar, sempre que for possível – e sempre será – o diálogo aberto com a juventude, porque sem ela, sem a sua participação, sem o seu apoio, não se compreende um processo revolucionário nem se pode imaginar que o labor revolucionário possa ter conteúdo e projeção. Sobretudo em países como os nossos, países que viveram e vivem sob dependência econômica, cultural e tecnológica, são os setores juvenis que têm essa grande tarefa, e no Chile eles a estão cumprindo.

Fundamentalmente é o que estão fazendo nesta universidade os que compreendem o privilégio que é ser universitário, porque, apesar dos números que indicam muito claramente como essa universidade cresceu e como mudou, numa porcentagem muito alta, o perfil socioeconômico dos estudantes – apesar de tudo isso, nem todos os jovens que desejam entrar numa universidade poderão fazê-lo. E será assim durante algum tempo ainda. Isso é um fato que acontece no mundo todo e, com maior razão, num país como o nosso, com um governo que tem apenas dezessete meses de fragosa vida.

Ser estudante desta universidade, que tem um sotaque regional, o qual deve ser conservado, mas também deve ser estendido para além das fronteiras desta província para ser projetado no âmbito nacional, ser estudante neste plantel são as condições materiais excepcionais para o estudo, a reflexão, a cultura e o esporte. Ser estudante de uma universidade que tem uma tradição como esta, e que a enriqueça, é um privilégio que obriga, que compromete, que deve levar os jovens que estão aqui e que passam por ela a se impregnar da responsabilidade que assumem diante da realidade da sua pátria para que, com o esforço de vocês, possamos ir rompendo o atraso, a incultura, a doença, a miséria moral e a miséria fisiológica que açoita, golpeia e marca milhares dos nossos compatriotas.

Ser estudante universitário num mundo cujas velhas estruturas estão se fraturando, ter informação internacional num segundo e poder estudar e se documentar – não só por ser uma obrigação básica – na disciplina que escolheu como carreira, na ciência ou na arte, e, além disso, ter uma visão mais ampla e entender que um profissional, que um técnico, que um cientista tem de estar conectado aos processos essenciais da sua pátria e do seu povo.

Vocês, estimados jovens companheiros da Universidade de Concepción, certamente não se dão conta de que maneira e como o mundo está se fraturando em suas velhas estruturas, como as forças renovadoras e revolucionárias têm o impulso que as torna invencíveis.

Foi lembrada aqui – e com toda razão – como símbolo desse heroísmo a luta incrível de um povo dramaticamente heroico.

Para mim é uma extraordinária satisfação, como presidente do Chile, reafirmar nesta assembleia multitudinária, que vibra e palpita com a batalha dos povos de distintos continentes, que o Governo Popular que presido resolveu manter relações diplomáticas, com acreditação de embaixadas, com a República Popular do Vietnã [*aplausos*], com a Coreia do Norte e reconhecer Bangladesh.

Enquanto Manuel Rodríguez falava do Vietnã, eu me lembrava de que há dois anos e alguns meses estive em Hanói, onde tive o privilégio de conversar com o venerável ancião que era Ho Chi Minh. [*aplausos*] Nunca vou me esquecer da sua figura, nunca vou deixar de me lembrar da transparência do seu olhar e, ao mesmo tempo, da bondade das suas palavras. Ao nos saudar – eu estava com o companheiro Eduardo Paredes –, ele disse: "Obrigado por ter vindo de tão longe, com tanto sacrifício, para nos trazer o apoio moral do seu povo".

E na nossa conversa, que foi relativamente longa, já que ele estava doente, seriamente doente... Acho que fui o último político de certo nível a ter conversado com ele. [*aplausos*] Essa é a verdade! (Eu disse "político de certo nível", portanto não há necessidade de rir). Ele estava muito doente e faleceu 25 dias depois da minha visita ao Vietnã. A conversa que tivemos foi, fundamentalmente, sobre a juventude. Ele tinha um caderninho incrível de tão velho, e nas páginas centrais, com a letra trêmula de um idoso, estavam anotados uns números que, segundo ele nos explicou, era o número dos estudantes que tinham se destacado nos cinco anos anteriores. Ho Chi Minh disse que sempre enviava algumas linhas escritas a esses estudantes. Eu pensava, e penso, que grande estímulo, que grande recompensa deve ter sido para aqueles jovens receber aquelas linhas trêmulas de Ho Chi Minh! O pai do Vietnã, o filho e o pai da revolução, o escritor, o estadista, o libertador do povo. Aquele homem, que tinha alcançado por sua vida exemplar o reconhecimento e o respeito não apenas do povo vietnamita, mas de todos os povos do mundo, tinha como preocupação fundamental enviar congratulações aos jovens e se preocupava em saber como eles estavam cumprindo sua tarefa.

Que bela lição para mim! E eu não me esqueci dela. E por isso, ao lembrar do que Ho Chi Minh me ensinou em minutos, sempre disse, não citando-o, que para mim os jovens que têm o privilégio, como vocês, de passar pela Universidade de Concepción, ou de serem universitários em qualquer universidade chilena, têm a obrigação fundamental de entender que são universitários porque milhões de chilenos, com o seu trabalho anônimo, ignorado, milhares de operários, camponeses e empregados, com o seu esforço, criam as condições materiais para que essas universidades sejam erguidas. Nunca se esqueçam de que a imensa maioria dessas pessoas nunca pôde frequentar uma universidade, nunca vai poder frequentar uma universidade. [*aplausos*]

Penso que ninguém pode negar que o processo de transformação que o Chile está vivendo é um processo de mudanças profundas, um processo revolucionário, que está acontecendo dentro da nossa realidade, com as nossas características, a nossa história e a nossa tradição. Porque não há receitas internacionais que possam ser aplicadas, literalmente, para cada povo, cada país ou cada nação, já que cada um tem as suas peculiaridades. Os dirigentes políticos têm o dever de discernir o que a teoria ensina, porque não há ação revolucionária sem teoria revolucionária, e selecionar as bases ideológicas para aplicá-las a essa realidade e proceder de maneira consequente. É uma obrigação de todos, jovens e adultos que se dizem revolucionários, pensar que as revoluções não acontecem todos os dias, e que a luta dos povos foi brutalmente sacrificada, que milhões de pessoas perderam a vida para tornar possível a nossa presença nesse mundo contemporâneo que está abrindo novos horizontes para o destino da humanidade.

Cada vez que falo com os jovens, insisto na responsabilidade deles para estimulá-los a ser essencialmente capazes e técnicos na matéria que escolheram, e para que projetem, com a convicção da paixão juvenil, a ação que empreenderão amanhã, quando forem atuar como profissionais e técnicos na nova sociedade que tanto precisa deles e os exige.

Qual a realidade do nosso país, que não devem esquecer nem desconhecer aqueles que ingressam pela primeira vez nas salas da Universidade de Concepción? Um país dependente, um dos países classificados como em via de desenvolvimento. Essa expressão implica desemprego, fome, déficit habitacional, sanitário, carência de perspectivas em educação, ausência de cultura.

País em via de desenvolvimento, que no plano político, neste continente, tem uma evolução superior a de outros povos, mas que na realidade econômica e social também crava os grandes déficits que caracterizam todos os nossos povos do continente latino-americano.

Não houve nenhum governo neste continente que tenha sido capaz de superar os grandes déficits na habitação, na saúde, na alimentação, no trabalho e na cultura, sejam quais tenham sido os regimes, uns poucos governos democráticos, alguns pseudodemocráticos e outros mais ditatoriais e repressivos. Nenhum governo foi capaz de resolver, a partir do velho caminho do capitalismo, os déficits que caracterizam e marcam essa realidade socioeconômica dos nossos países.

Devemos olhar além das nossas fronteiras, ver a realidade de outros países, em outros continentes, tirar proveito da experiência deles. E, no caso concreto da América Latina, devemos olhar para experiência vivida pelo povo cubano.

Disso eu posso falar porque estive no Vietnã pouco mais de um mês, em muitas de suas províncias. Vi o que é capaz de fazer um povo de economia atrasada e agrária. Saibam que, nos trinta e poucos dias que passei no Vietnã, em nenhum momento vi um trator, nem um! Só vi arado de madeira e animal de tração. No Vietnã, uma mocinha de uns 22 anos nos atendia no hotel. Ficou três dias a nosso serviço como uma empregada qualquer; depois ficou três dias sem aparecer. Quando voltou, perguntamos se ela tinha ficado doente e ela disse que não – falava um francês correto –, que estava na universidade. Na universidade! Onde? Na montanha. Em que sala de aula? Do colégio. A que distância? Quilômetros e quilômetros. Como chegava? De bicicleta. E essa moça, estudante do quarto ano de pedagogia, disse que trabalhava três dias no hotel para atender aos convidados do povo vietnamita. Era jovem, fina, atraente – tenho direito a uma boa visão atrás dos óculos. [*risos e aplausos*]

Pois bem, essa moça jovem, delicada e bonita, que não fez nenhum outro comentário, se retirou para buscar café para nós. Quando chegou o intérprete, nós a elogiamos. Ele nos olhou, riu e perguntou: "Ela não contou mais nada?". Não. "Ela é subcomandante de um esquadrão de metralhadoras." [*aplausos*]

Mas esse é um povo que guerreou a vida toda. O povo vietnamita vem lutando há 4 mil anos. Há uma experiência nisso. Qual experiência? Primeiro, como um povo é capaz de superar sua pequenez material, sua pobreza, quando tem entranhada na própria vida a convicção de que a pátria tem de ser um povo independente e soberano. A segunda lição que tiramos é a da solidariedade internacional revolucionária, que esteve presente, e muito generosamente, como tinha de ser, no Vietnã. Esse povo alcançou, pelas adversidades da vida, aquele nível que torna fundamental e essencial a unidade na batalha pela libertação da pátria. Se projetamos essa experiência em Cuba, vemos a luta do povo cubano, vemos a ação contrarrevolucionária de alguns cubanos, e o apoio externo a essa contrarrevolução.

Vemos um mundo que está se fraturando e desmoronando diante do fracasso do país mais poderoso do capitalismo, o que tem a maquinaria bélica mais forte do mundo, mas que não conseguiu derrotar esse povo que sabia, sentia, possuía um profundo e depurado sentido patriótico e nacional.

Muitas vezes também critico enfaticamente alguns revolucionários que não sentem o conteúdo da nossa própria história, que não reconhecem o verdadeiro valor dos homens que realizaram a grande batalha da nossa independência, que não vibram com as gestas heroicas que nasceram da pujança do povo, através de O'Higgins, da família Carrera e de Manuel Rodríguez, guerrilheiros do povo que esculpiram o perfil nacional que temos hoje.

Não são revolucionários os que não têm o valor moral de reconhecer a ação de outros que permitiram que eles vivessem hoje num país onde estamos conquistando o caminho rumo ao socialismo. [*aplausos*]

Aqueles que acreditam que a história começou com eles são pseudorrevolucionários. [*aplausos*]

A experiência de Cuba, a própria experiência do país continente que é a República Popular da China, indicam processos diferentes no conteúdo, na realização, nas etapas sucessivas que tiveram de percorrer. A Grande Marcha não aconteceu em Cuba e não podia acontecer, do ponto de vista material.

Quando ressaltamos exemplos que têm a força dos feitos históricos vividos, é como uma maneira didática de mostrar à juventude, sobretudo, as características distintas que têm de ter os processos de transformação, nas diferentes latitudes em que são produzidas ou gestadas.

No caso concreto do nosso país, este governo, o companheiro presidente que lhes fala, tem a consciência tranquila de ter cumprido até agora, sem vacilos de nenhuma espécie, o compromisso que assumiu perante o povo e, portanto, perante a juventude – porque não há querela entre gerações –, o compromisso de cumprir estritamente o programa de libertação nacional.

Tive a honradez de dizer que não somos um governo socialista. Somos um governo de transição, que abriu o caminho, que iniciou a construção socialista. Os jovens devem entender que em qualquer país revolucionário, em condições muito diferentes das nossas, onde todo o poder estava, desde o começo, nas mãos dos governantes revolucionários, só foi possível construir o socialismo depois de longos anos de esforço e sacrifício.

As gerações que estão construindo a nova sociedade têm de entender – e os jovens mais ainda, porque são vocês que vão se beneficiar legitimamente de uma sociedade diferente – que a construção socialista exige um sacrifício que às vezes tem de ser heroico. Têm de entender no terreno das coisas que afetam diretamente as pessoas. Dou como exemplo o problema do abastecimento. Como não interessa que a juventude desta universidade entenda que em todo processo revolucionário acontece isso, que também está acontecendo no Chile e que pode acontecer com mais intensidade ainda?!

Por quê? Porque a economia dos nossos países é uma economia com um desenvolvimento parcial, destinada a satisfazer as necessidades dos grupos ricos e privilegiados. Não é uma economia para as massas e para o povo, mas uma economia racionalizada na produção, poderíamos dizer, para manter os preços e ter bons lucros a partir de um controle parcial da produção, mantendo uma capacidade ociosa.

Um governo como o nosso, que veio para romper a dependência econômica, tem de se chocar contra as poderosas forças do capital estrangeiro, dono das nossas riquezas, e contra as medidas de represália que elas tomam por termos nacionalizado essas riquezas. Um governo como o nosso, que tem de enfrentar os grupos que tradicionalmente e há mais de 150 anos governam este país, donos dos centros vitais do poder e da riqueza. Um governo como o nosso, que tem de enfrentar a presença retrógrada do latifúndio. Um governo que tem a dura experiência do que é a poderosa arma do poder do crédito. Um governo como o nosso, que pela definição e pelo conteúdo das suas convicções programáticas tem de se interessar pelas grandes massas, e cujas primeiras medidas foram abrir as fontes de trabalho para 250 mil chilenos que estavam desempregados. Um governo que redistribui a renda para elevar as condições materiais de vida de milhões de chilenos em atividade e, ao mesmo tempo, com mais obrigação, para as idosas e os idosos que tinham pensões miseráveis, esse governo enfrenta um processo que a juventude precisa entender.

Maior demanda, impossibilidade de satisfazê-la. Um poder de compra interno desenfreado, que não pode ser satisfeito, mesmo colocando em atividade o setor ocioso das indústrias e das empresas.

Da mesma forma que os jovens que frequentam a Faculdade de Medicina têm de entender que ainda é impossível oferecer medicina neste país. E ainda pode demorar muito, se as universidades e o governo não entrarem em acordo num plano que acelere drasticamente a possibilidade de ampliar as carreiras, especialmente a carreira de medicina. Milhares de chilenos ainda não terão acesso à atenção médica tecnicamente eficiente.

Aqui no Chile faltam 4 mil médicos. Aqui no Chile faltam de 1.500 a 2 mil enfermeiras universitárias e outras tantas parteiras, fora os hospitais, os postos, os consultórios etc.

Esse exemplo, tão simples e tão claro, vocês podem projetar em todas as atividades no país e entender, assim, as causas que geram essas reações que são exploradas contra o governo.

Um jovem universitário de direita, centro ou esquerda tem a obrigação de estudar. Não venho aqui pedir que todos pensem como pensamos, mas que os que pensam diferente de nós tenham argumentos, ideias e números para nos criticar.

Tirar o país do marasmo econômico, romper as barreiras imperialistas, içar as flamejantes bandeiras da dignidade ainda têm um valor muito mais alto que o valor material de poder entregar determinados alimentos ou mesmo de poder ter atenção médica.

Sem custo social, sem sacrifício de vidas, sem ter suprimido a liberdade, com liberdade de informação e de imprensa, com o respeito a todas as ideias, princípios e doutrinas, com irrestrito respeito por todas as crenças, avançamos num processo revolucionário que, a despeito de alguns, significa um passo adiante na história, não apenas do Chile, mas dos países revolucionários do mundo. [aplausos]

Nos regimes capitalistas também houve momentos de falta de abastecimento de alguns artigos. Como se soluciona esse problema? Aumentando os preços, mas, automaticamente, milhões de chilenos não poderiam mais adquirir esses produtos. Era um problema conjuntural. Nosso problema é muito mais grave. É um problema estrutural.

Precisamos que as pessoas se capacitem e bebam da doutrina revolucionária, porque sem ela – como dizia há pouco – não há ação revolucionária. Mas que seja adaptada à realidade, que encare atos diários da nossa vida.

Não custa ler o *Manifesto comunista*. Mais difícil é ler e entender *O capital*.

Mas não basta ler *O capital* – e são poucos os que o leram – nem basta ter lido um monte de livros para pensar que já se tem bagagem suficiente para poder orientar e definir uma tática ou uma estratégia.

O que está acontecendo com este país, jovens estudantes? O que estava acontecendo com este país? Um país que importava em alimentos 190 milhões de dólares por ano, incapaz de produzir para as suas necessidades essenciais em todos os ramos de atividade por causa da própria concepção de regime e sistema. Um país endividado como nenhum outro no mundo – exceto Israel, um país em guerra. Um país com uma dívida de 4,226 bilhões de dólares.

Companheiras e companheiros jovens, tivemos de renegociar a dívida. Primeiro, porque nacionalizamos o cobre, cortaram as nossas linhas de crédito a curto prazo. Algum jovem talvez dirá: "E daí?". Erro profundo! Precisamos comprar milhares de coisas que o Chile não produz, entre outras – escutem bem –, peças de reposição para a mineração pesada, que são, no caso do cobre, 150 mil peças que tinham uma única origem. Um único país foi sempre o fornecedor dessas peças de reposição, porque toda a instalação destinada a produzir nossa riqueza em minérios tem a mesma origem e as companhias pertenciam a cidadãos desse país. Portanto, de acordo com a concepção deles, eles defendem os interesses de seus concidadãos, tomam medidas diferentes, segundo a capacidade de resistência do país.

No Chile, por sua história, por sua tradição, por sua cultura, não vão desembarcar forças adversárias armadas. Mas no Chile foram tomadas medidas antes, durante e depois da nossa chegada ao governo que os jovens não podem ignorar.

Sempre disse durante a campanha presidencial: "Vai ser difícil ganhar a eleição. Vai ser mais difícil assumir o governo. Vai ser mais difícil ainda cumprir o programa". Vocês sabem como foi difícil ganhar a eleição. Nossa chegada ao governo custou a vida do comandante do Exército. Aos jovens que gritam pedindo um fuzil, digo, com todo o respeito, mas com clareza: há um governo popular no Chile, porque há um povo consciente, porque há um povo com tradição de luta, porque há um povo que teve Ranquil, San Gregorio, La Coruña, que teve "José María Caro", El Salvador ou Pampa Irigoin, que tem Forças Armadas e carabineiros que são profissionais. O que não acontece em muitos países do mundo, o que não acontece em poucos países deste continente, que só acontece – e devemos reconhecer isso com orgulho – em nosso próprio país. Forças Armadas e carabineiros profissionais, que acatam a vontade do povo expressa nas urnas. Por isso, como governante, disse e afirmo que elas serão as únicas Forças Armadas da nossa pátria. [*aplausos*]

A história é muito diferente em cada país e em cada etapa do processo. Não deixo de pensar na frase, depois de profunda reflexão, do jovem companheiro Manuel Rodríguez.

Concordo com o pensamento de muitos companheiros jovens para os quais a história nos ensina que as forças feridas em seus interesses, privadas de seus privilégios, não se resignam, e são elas que desencadeiam a violência. É importante fazer a imensa maioria dos chilenos entender isso. O poder da imprensa e da informação dos outros faz crer que a violência é o nosso único caminho.

Disse ao povo, com honradez, disse como candidato e digo como presidente: não queremos violência, não precisamos de violência. Aqueles que dizem na imprensa que é possível que haja uma guerra civil neste país, aqueles que afirmam isso são uns irresponsáveis e uns covardes. A guerra civil é algo muito duro, muito profundo, que marca profundamente um povo, impede expectativas de convivência durante longos anos, destrói a economia de um país. Somos poderosos e fortes porque temos a força de milhões de pessoas: operários, camponeses e empregados. Somos a força do trabalho e da produção. Somos a força capaz de fazer com que todos os dias a fábrica, a empresa, a escola, o escritório e a universidade caminhem. Mas, ao mesmo tempo, somos a força capaz de paralisar este país e nos fazer respeitar. Somos a força que tem a segurança e a certeza de que, sendo mais poderosa, só a usará para responder à agressão e à força dos outros.

Já disse e volto a repetir: só contra a contrarrevolução que use a força, usaremos a força revolucionária do povo. [*aplausos*]

Às vezes nossos partidários vacilam, mas avançamos seguros, apoiados na força criadora dos trabalhadores. Para avançar com mais firmeza, temos de incorporar fundamental e conscientemente milhares de chilenos.

A história também ensina. Em muitos lugares os camponeses têm sido um fator limitante, por seus sentimentos de propriedade. Temos de mostrar a eles, nos fatos, que a terra, se não for trabalhada individualmente por eles, como cooperativa vai render muito mais para eles mesmos.

Não podemos ignorar que em todos os processos revolucionários, ao lado do proletariado, estiveram setores da burguesia e, goste-se ou não, socialmente, líderes saíram desses setores. A atividade de milhares e milhares de chilenos que representam a pequena indústria, o comércio, o artesanato ou a pequena propriedade agrária também é indispensável para o processo revolucionário.

Alguém poderia imaginar – num país com desemprego, sem meios de produção suficientes, com as dificuldades inerentes a uma etapa em que só parcialmente foi construída a área social da economia – que fôssemos, por exemplo, suprimir os comerciantes varejistas, os taxistas, os motoristas de ônibus, que fôssemos suprimir centenas e milhares de pequenos artesãos? Seria absurdo, jovens companheiros, seria uma estupidez política, um erro. Países que têm anos e anos de socialismo não fizeram isso. Visitei esses países, por isso posso afirmar categoricamente essa realidade.

Isso nos leva a ver com clareza quais etapas temos de percorrer. No caso concreto do Chile, me preocupa profundamente que a mulher não tenha entendido que ela será beneficiada da forma mais extraordinária com o processo de transformações revolucionárias do Chile. Uma nova moral, uma nova relação no trato entre o homem e a mulher, uma concepção de respeito pela companheira. Novas perspectivas estão se abrindo para ela. A igualdade jurídica acentua o seu direito a uma igualdade econômica no trabalho igual, garantido a consideração que ela tem na sua nova e elevada concepção de mãe. Todos esses aspectos, no processo egoísta do capitalismo, são muito mais claros e muito mais difíceis. Mas a mulher não vê esses aspectos com essa clareza e teme, ela teme a revolução.

Grande, enorme é a tarefa de atraí-la conscientemente, para que ela entenda que o seu futuro está precisamente nesses direitos que lhe foram negados e que nós não vamos oferecer como um presente, porque ela os conquistou pelo fato de ser mulher e construir, ao lado do homem, uma sociedade diferente.

E a juventude? E os jovens? Por que eu disse que 1972 deve ser o ano da mulher e dos jovens chilenos? Porque não há revolução sem a presença da mulher coadjuvando nesse processo de transformações e levando sua doçura e sua firmeza, sua decisão e sua capacidade criadora, como já viram vocês no singelo exemplo daquela mocinha do Vietnã, estudante, bela, graciosa e guerrilheira. A mulher sempre corresponde às necessidades do processo social quando participa conscientemente dele.

E a juventude? Este é o ano da juventude, é o ano de vocês. Acolho com simpatia as abordagens teóricas como aquelas que foram feitas pelo companheiro, mas, sendo um homem mais velho, preferiria que a sua concepção teórica se baseasse nos problemas concretos que a juventude chilena reivindica.

O que vamos fazer pela juventude operária? O que vamos fazer pela juventude camponesa? O que vamos fazer por vocês em relação a bolsas, alojamento? O que vamos fazer pelo esporte? O que vamos fazer pelos estudantes dos setores médios? Qual a porcentagem, ainda elevada, de jovens de classe superior que entram nas universidades e dos que ficam à margem? Qual o problema essencial de um país onde há subnutridos?

É grande a necessidade de arrancar a juventude da frustração, do vício, para se entregar com paixão, se quiser, à defesa das suas ideias, ainda que não sejam as nossas ideias. Que longo caminho ainda temos pela frente! Quanto temos ainda de valorizar o trabalho voluntário, porque ele é necessário em países como o nosso e naqueles que fizeram o seu processo revolucionário! Quanto temos ainda de definir o que tem de ser, no caso da mulher, uma carta de compromisso que satisfaça não apenas as justas aspirações das mulheres da UP [Unidad Popular], mas também da mulher chilena, seja qual for a sua ideologia!

Da mesma maneira que devemos ter consciência na carta da juventude chilena, a juventude deve saber por que objetivos ela combate, por que metas ela luta. Imaginem a diferença que há entre a tarefa que um jovem camponês tem de cumprir hoje e aquela que ele terá de cumprir amanhã, num país que não tem tratores, onde a mecanização do campo é embrionária, num país com uma porcentagem muito baixa de uso de fertilizantes. Temos de capacitar o camponês de amanhã para uma concepção diferente do que é a terra e a sua produção. Num país onde não há agroindústrias, temos de dizer ao camponês por que e para que os alimentos e as frutas podem ser desidratados e conservados por muitos anos, sem necessidade nem de frigorífico. Quer dizer, a técnica, o conhecimento é algo que temos de incorporar à juventude, seja qual for o seu nível, mais baixo, é claro, o da juventude camponesa, que nunca soube nada além da experiência que tanto ensina, mas que terá de conhecer métodos diferentes.

Da mesma forma, não é possível que a juventude chilena, ainda que tenha metas claras, não participe e não se integre ao processo revolucionário, assumindo plenamente a sua responsabilidade.

Fiz um chamado à juventude, e ontem, pela primeira vez na história do Chile, houve um Conselho de Gabinete presidido pelo companheiro presidente para receber os jovens, ouvir seus pontos de vista e firmar um compromisso com eles: velhos, governantes e jovens, celebrar juntos no Chile, do dia 14 deste mês, o Dia do Trabalho Voluntário, com uma consciência distinta, um valor diferente e uma projeção muito mais ampla; e no dia 23 de junho assinar perante a consciência da pátria a magna Carta dos Direitos e dos Deveres da Juventude, direitos e deveres que cada jovem deve aprender, como aprende a rezar ou como aprende os cantos revolucionários. Direitos e deveres que devem habitar coração e consciência, porque não é apenas que vocês terão direitos. Vocês terão deveres também. E, num processo revolucionário, só conquistamos direitos depois de termos tido a coragem de cumprir nossos deveres, camaradas. [aplausos]

Companheiros jovens de Concepción, companheiros estudantes universitários, agradeço o estímulo que vocês me trazem com a sua inquietação, com o seu fervor, com a sua própria expressão. Agradeço o convite, estimado amigo reitor. Foi uma alegria falar com vocês, e com a franqueza devida.

Não me esquecerei de vocês e, com certeza, não esperarei o ano que vem. Sempre Concepción, o seu aço fervente, o calor do seu carvão, a esperança triste dos seus camponeses, a energia criadora da sua juventude me atraem. Vou voltar a esta província para esquecer um pouco a pequenez daqueles que, no centro do país, não têm a visão da história e pretendem conter, com seus dedos frágeis, as marés que avançam e não podem ser detidas nem com leis repressivas nem com ameaças fascistas.

Jovens de Concepción: estudem, preparem-se, sejam bons técnicos, estudem a doutrina revolucionária, selecionem as ideias e os princípios gerais para conseguir com eles uma receita para a nossa própria realidade!

Transformem-se em uma fervilhante e permanente assembleia de ideias, longe da violência! Nunca rechacem o adversário pelo único delito de pensar diferente. Façam da juventude um pivô da unidade! Aqui há setores amplamente revolucionários que podem ter opiniões conflitantes, mas nunca podem esquecer que o inimigo não está aqui nem ali. O inimigo vocês sabem onde está – o de fora e o de dentro do país! [*ovação*]

4 DE DEZEMBRO DE 1972

DISCURSO NA ASSEMBLEIA GERAL DA ORGANIZAÇÃO DAS NAÇÕES UNIDAS

Gabinete de Informações e Radiodifusão
Presidência da República

Senhor presidente,
Senhoras e senhores delegados,
    Agradeço a grande honra que me foi ofertada com o convite para ocupar esta tribuna, a mais representativa do mundo e o foro mais importante e de maior transcendência em tudo o que diz respeito à humanidade. Saúdo o senhor secretário-geral das Nações Unidas, que tivemos a honra de receber em nossa pátria nas primeiras semanas de seu mandato, e os representantes de mais de 130 países que integram esta assembleia.
    Ao senhor presidente, proveniente de um país com o qual nos sentimos unidos por laços fraternos, que pessoalmente tanto apreciamos quando encabeçou a delegação da República Popular da Polônia na III Unctad [United Nations Conference on Trade and Development], além de prestar homenagem à sua alta investidura, desejo lhe agradecer pelas palavras tão significativas e calorosas.

Venho do Chile, um país pequeno, onde qualquer cidadão é livre para se expressar como preferir; um país de irrestrita tolerância cultural, religiosa e ideológica, onde a discriminação racial não tem espaço. Um país com uma classe operária unida numa única organização sindical, onde o sufrágio universal e secreto é o veículo de definição de um regime multipartidário; com um Parlamento cujas atividades são ininterruptas desde a sua criação, há 160 anos; onde os Tribunais de Justiça são independentes do Executivo; que, desde 1833, só mudou uma vez sua Carta Magna, sem que esta jamais tenha deixado de ser aplicada. Um país de cerca de 10 milhões de habitantes que, em uma geração, deu dois Prêmios Nobel de Literatura: Gabriela Mistral e Pablo Neruda, ambos filhos de modestos trabalhadores. História, terra e homem se fundem num grande sentimento nacional.

Mas o Chile é também um país cuja economia atrasada foi submetida e até mesmo alienada a empresas capitalistas estrangeiras; que foi conduzido a um endividamento externo superior a 4 bilhões de dólares, cujos juros anuais significam mais de 30% do valor de suas exportações; com uma economia extremamente sensível à conjuntura externa, cronicamente estagnada e inflacionária; em que milhões de pessoas foram forçadas a viver em condições de exploração e miséria, desemprego aberto ou disfarçado.

Hoje venho aqui porque o meu país está enfrentando problemas que, em sua transcendência universal, são objeto da atenção permanente desta Assembleia das Nações: a luta pela liberação social, o esforço pelo bem-estar e pelo progresso intelectual, a defesa da personalidade e da dignidade nacionais.

A perspectiva que a minha pátria tinha diante de si, como tantos outros países do Terceiro Mundo, era um modelo de modernização reflexo, que os estudos técnicos e a realidade mais trágica coincidem em demonstrar que está condenado a excluir das possibilidades de progresso, bem-estar e liberação social milhares de pessoas, relegando-as a uma vida sub-humana. Modelo que vai produzir maior escassez de moradias, que condenará um número cada vez maior de cidadãos ao desemprego, ao analfabetismo, à ignorância e à miséria fisiológica.

A mesma perspectiva, em síntese, que nos manteve numa relação de colonização ou dependência, que nos explorou em tempos de guerra fria, mas também em tempos de conflagração bélica e em tempos de paz. Querem condenar a nós, países subdesenvolvidos, a ser realidades de segunda classe, sempre subordinadas.

Esse é o modelo que a classe trabalhadora chilena, ao se impor como protagonista de seu próprio porvir, resolveu rechaçar, buscando em troca um desenvolvimento acelerado, autônomo e próprio, transformando revolucionariamente as estruturas tradicionais.

O povo do Chile conquistou o governo após uma longa trajetória de generosos sacrifícios e se encontra plenamente dedicada à tarefa de instaurar a democracia econômica, para que a atividade produtiva responda às necessidades e expectativas sociais e não aos interesses de lucro pessoal. De modo programado e coerente, a velha estrutura apoiada na exploração dos trabalhadores e no domínio dos principais meios de produção por uma minoria está sendo superada. Em seu lugar, surge uma nova estrutura, dirigida pelos trabalhadores e que, posta a serviço dos interesses da maioria, está assentando as bases de um crescimento que implicará desenvolvimento autêntico, que envolverá todos os habitantes e não marginalizará vastos setores de concidadãos à miséria e à relegação social.

Os trabalhadores estão deslocando os setores privilegiados do poder político e econômico, tanto nos centros de trabalho como nas comunas e no Estado. Esse é o conteúdo revolucionário do processo que o país está vivendo, de superação do sistema capitalista, para dar abertura ao socialismo.

A necessidade de pôr a totalidade de nossos recursos econômicos a serviço das enormes carências do povo ia de par com a recuperação da dignidade do Chile. Em nossa luta contra a pobreza e a estagnação, devíamos acabar com a situação que nos obrigava a exportar enormes somas de capital em benefício da mais poderosa economia de mercado do mundo. A nacionalização dos recursos básicos constituía uma reivindicação histórica. Nossa economia não podia tolerar por mais tempo a subordinação que implicava ter mais de 80% de suas exportações nas mãos de um grupo reduzido de grandes empresas estrangeiras, que sempre puseram seus próprios interesses à frente das necessidades dos países onde lucram. Não podíamos aceitar os flagelos do latifúndio, dos monopólios industriais e comerciais, do crédito em benefício de uns poucos, das brutais desigualdades na distribuição de renda.

O CAMINHO REVOLUCIONÁRIO DO CHILE

A transformação da estrutura de poder que estamos levando a cabo, o progressivo papel de direção que nela assumem os trabalhadores, a recuperação nacional das riquezas básicas, a liberação da nossa pátria da subordinação às potências estrangeiras são a culminação de um longo processo histórico: do esforço para impor as liberdades políticas e sociais, de heroica luta de várias gerações de operários e camponeses para se organizar como força social, conquistar o poder político e tirar os capitalistas do poder econômico.

Sua tradição, sua personalidade, sua consciência revolucionária permitem ao povo chileno impulsionar o processo rumo ao socialismo, fortalecendo as liberdades cívicas, coletivas e individuais, respeitando o pluralismo cultural e ideológico. Nosso combate permanente é pela instauração das liberdades sociais e da democracia econômica, mediante o pleno exercício das liberdades políticas.

A vontade democrática do nosso povo assumiu o desafio de impulsionar o processo revolucionário dentro dos marcos de um Estado de direito altamente institucionalizado, que foi flexível às transformações e hoje está diante da necessidade de se ajustar à nova realidade socioeconômica.

Nacionalizamos as riquezas básicas.

Nacionalizamos o cobre.

E fizemos isso por decisão unânime do Parlamento, onde os partidos do governo são minoria.

Queremos que todo mundo entenda claramente: não confiscamos as empresas estrangeiras da grande mineração do cobre. O que fizemos, de acordo com as disposições constitucionais, foi reparar uma injustiça histórica, deduzindo da indenização os lucros obtidos por elas além dos 12% ao ano, a partir de 1955.

Os lucros que algumas empresas nacionalizadas haviam obtido no transcurso dos últimos quinze anos eram tão exorbitantes que, ao se aplicar o limite de lucro razoável de 12% anuais, essas empresas tiveram deduções significativas. É o caso, por exemplo, de uma filial da Anaconda Company que, entre 1955 e 1970, obteve no Chile um lucro médio de 21,5% sobre o seu valor de registro contábil, enquanto os lucros da Anaconda em outros países alcançavam apenas 3,6% ao ano.

Essa é a situação de uma filial da Kennecott Copper Corporation, que no mesmo período obteve um lucro médio no Chile de 52% ao ano, chegando a taxas incríveis de 106% em 1967, 113% em 1968 e mais de 205% em 1969. A média dos lucros da Kennecott em outros países alcançou, na mesma época, menos de 10% anuais. No entanto, a aplicação da norma constitucional determinou que outras empresas cúpricas não fossem objeto de desconto pelo conceito de lucro excessivo, já que o lucro não excedia o limite razoável de 12% anuais.

Cabe destacar que nos anos imediatamente anteriores à nacionalização as grandes empresas de cobre haviam iniciado planos de expansão, em grande medida fracassados, nos quais não investiram recursos próprios, apesar dos grandes lucros que obtinham, e que foram financiados com créditos externos.

De acordo com as disposições legais, o Estado chileno teve de assumir essas dívidas, que alcançam a enorme cifra de 727 milhões de dólares. Começamos até mesmo a pagar as dívidas que uma dessas empresas havia contraído com a Kennecott, sua matriz nos Estados Unidos.

Essas mesmas empresas que exploraram o cobre chileno durante muitos anos só nos últimos 42 anos tiveram mais de 4 bilhões de dólares de lucro, em circunstâncias em que seus investimentos iniciais não passaram de 30 milhões. Um simples e doloroso exemplo: em agudo contraste, no meu país há 700 mil crianças que jamais poderão desfrutar da vida em termos normalmente humanos, porque em seus primeiros oito meses de vida não receberam a quantidade mínima de proteínas. 4 bilhões de dólares transformariam completamente a minha pátria. Somente uma parte dessa soma asseguraria proteínas para sempre para todas as crianças da minha pátria.

A nacionalização do cobre observou escrupulosamente o ordenamento jurídico interno e respeitou as normas do Direito Internacional, o qual não tem por que se confundir com os interesses das grandes empresas capitalistas.

Esse é, em síntese, o processo que a minha pátria está vivendo, e que julguei conveniente apresentar diante desta assembleia, com a autoridade que nos dá o fato de estarmos cumprindo rigorosamente as recomendações das Nações Unidas e de nos apoiarmos no esforço interno como base para o desenvolvimento econômico e social. Aqui, neste fórum, foram aconselhadas a transformação das instituições e das estruturas atrasadas, a mobilização dos recursos nacionais (naturais e humanos), a redistribuição da renda, a prioridade da educação e da saúde e a atenção aos setores mais pobres da população. Tudo isso é parte essencial da nossa política e se acha em pleno processo de execução.

O BLOQUEIO FINANCEIRO

Por tudo isso é ainda mais doloroso ter de vir a esta tribuna para denunciar que o meu país está sendo vítima de uma grave agressão.

Havíamos previsto dificuldades e resistências externas para levar a cabo nosso processo de transformação, sobretudo em virtude da nacionalização dos nossos recursos naturais. O imperialismo e sua crueldade têm um longo e nefasto histórico na América Latina, está muito perto de nós a dramática e heroica experiência de Cuba. Também está a do Peru, que teve de sofrer as consequências de sua decisão de dispor soberanamente de seu petróleo.

Em plena década de 1970, depois de tantos acordos e resoluções da comunidade internacional, nos quais se reconhece o direito soberano de cada país a dispor de seus recursos naturais em benefício de seu povo; depois da adoção dos Pactos Internacionais sobre Direitos Econômicos, Sociais e Culturais e da Estratégia Internacional para o Segundo Decênio do Desenvolvimento, que solenizaram tais acordos, somos vítimas de uma nova manifestação do imperialismo, mais sutil, mais ardilosa e terrivelmente eficaz, para impedir o exercício dos nossos direitos de Estado soberano.

Desde o momento que triunfamos eleitoralmente no dia 4 de setembro de 1970, sofremos com o desenvolvimento de pressões externas de grande envergadura que pretenderam impedir a instalação de um governo livremente eleito pelo povo e depois derrotá-lo. Que pretenderam nos isolar do mundo, estrangular a nossa economia e paralisar o comércio do nosso principal produto de exportação: o cobre. E ainda nos privar do acesso às fontes de financiamento internacional.

Estamos conscientes de que, quando denunciamos o bloqueio financeiro-econômico com que nos agridem, essa situação parece difícil de ser compreendida pela opinião pública internacional e até para alguns de nossos compatriotas. Porque não se trata de uma agressão clara, que tenha sido declarada abertamente perante o mundo. Ao contrário, é um ataque sempre oblíquo, subterrâneo, sinuoso, mas nem por isso menos nocivo para o Chile.

Estamos diante de forças que operam na penumbra, sem bandeira, com armas poderosas, instaladas nos mais variados lugares de influência.

Não pesa sobre nós nenhuma proibição de fazer comércio. Ninguém declarou que se propõe um enfrentamento com a nossa nação. Parece que não temos mais inimigos, a não ser os nossos próprios e naturais adversários políticos internos. Não é assim. Somos vítimas de ações quase imperceptíveis, disfarçadas em geral com frases e declarações que exaltam o respeito da soberania e da dignidade do nosso país. Mas nós conhecemos, na nossa própria carne, a enorme distância que há entre essas declarações e as ações específicas que temos de suportar.

Não estou aludindo a questões vagas. Refiro-me a problemas concretos que hoje afligem o meu povo e que terão consequências ainda mais graves nos próximos meses.

O Chile, como a maior parte dos países do Terceiro Mundo, é muito vulnerável à situação do setor externo da sua economia. No transcurso dos últimos doze meses, a queda dos preços internacionais do cobre significou para o nosso país, cuja exportação alcança pouco mais de 1 bilhão de dólares, a perda de aproximadamente 200 milhões de dólares. Enquanto os produtos que temos de importar, tanto industriais como agropecuários, tiveram um forte aumento, alguns deles de até 60%.

Como quase sempre, o Chile compra a preços altos e vende a preços baixos.

Isso acontece justamente neste momento, por si só difícil para a nossa balança de pagamentos, em que temos de enfrentar, entre outras, as seguintes ações simultâneas, destinadas, ao que parece, a ir à desforra contra o povo chileno por sua decisão de nacionalizar o cobre.

Até o momento do início do meu governo, o Chile recebia, a título de empréstimos outorgados por organismos financeiros internacionais, tais como o Banco Mundial e o Banco Interamericano de Desenvolvimento, um montante de recursos de cerca de 80 milhões de dólares por ano. Violentamente, esses financiamentos foram interrompidos.

Na década passada, o Chile recebia empréstimos da Agência para o Desenvolvimento Internacional do Governo dos Estados Unidos (AID) no valor de 50 milhões de dólares.

Não pretendemos que esses empréstimos sejam restabelecidos. Os Estados Unidos são soberanos para outorgar ajuda externa ou não a outros países. Apenas queremos assinalar que a drástica supressão desses créditos significou *reduções* importantes na nossa balança de pagamentos.

Quando assumi a presidência, meu país contava com linhas de crédito de curto prazo dos bancos privados estadunidenses – para o financiamento do nosso comércio exterior – de cerca de 220 milhões de dólares. Num curto prazo, foi suspenso desse crédito um montante de cerca de 190 milhões de dólares, uma soma que tivemos de pagar na não renovação das respectivas operações.

Como a maior parte dos países da América Latina, o Chile, por razões tecnológicas e de outra ordem, deve efetuar importantes aquisições de bens de capital nos Estados Unidos. Hoje, tanto os financiamentos de provedores como os que o Eximbank concede ordinariamente para esse tipo de operação foram suspensos, colocando-nos numa situação anômala de ter de adquirir esse tipo de bens com pagamento antecipado, o que pressiona extraordinariamente a nossa balança de pagamentos.

O desembolso de empréstimos que foram contraídos pelo Chile antes do início do meu governo com agências do setor público dos Estados Unidos, e que se encontravam em execução, também foi suspenso. Em consequência, temos de continuar a realização dos projetos correspondentes, efetuando compras à vista no mercado estadunidense já que, em pleno andamento das obras, é impossível substituir a fonte das importações.

Para tal, estava previsto que o financiamento viesse de organismos do governo estadunidense.

Como resultado das ações dirigidas contra o comércio do cobre nos países da Europa Ocidental, nossas operações de curto prazo com bancos privados desse continente – baseadas fundamentalmente em cobranças de venda desse metal – foram seriamente dificultadas. Significou a não renovação de linhas de crédito de mais de 20 milhões de dólares; a suspensão de gestões financeiras – que estavam a ponto de se concretizar – da ordem de 200 milhões de dólares; e a criação de um clima que impede o encaminhamento normal das nossas compras nesses países e distorce agudamente todas as nossas atividades no campo das finanças externas.

Essa asfixia financeira de repercussões brutais, dadas as características da economia chilena, se traduziu por uma severa limitação das nossas possibilidades de abastecimento de equipamentos, de peças de reposição, de insumos, de produtos alimentícios, de medicamentos. Todos os chilenos estamos sofrendo as consequências dessas medidas, aquelas que incidem na vida diária de cada cidadão e, naturalmente, na vida política interna.

O que descrevi significa que foi desvirtuada a natureza dos organismos internacionais, cuja utilização como instrumentos de política bilateral de qualquer país membro, por mais poderoso que seja, é jurídica e moralmente inaceitável. Significa pressionar um país economicamente frágil! Significa castigar um povo por sua decisão de recuperar seus recursos básicos! Significa uma forma premeditada de intervenção nos assuntos internos de um país! Isso é o que denominamos insolência imperialista!

Senhores delegados, os senhores sabem e não podem deixar de lembrar: tudo isso foi repetidamente condenado por resoluções das Nações Unidas.

O CHILE AGREDIDO POR COMPANHIAS TRANSNACIONAIS

Não estamos apenas sofrendo bloqueio financeiro, também somos vítimas de uma agressão clara. Duas empresas que fazem parte do núcleo central das grandes companhias transnacionais, que enfiaram as garras no meu país, a International Telegraph & Telephone Company (ITT) e a Kennecott Copper Corporation, se propuseram manipular a nossa vida política.

A ITT, gigantesca corporação cujo capital é superior ao orçamento nacional de vários países latino-americanos juntos, superior até mesmo ao orçamento de alguns países industrializados, iniciou, desde o momento exato em que se soube do triunfo popular na eleição de setembro de 1970, uma sinistra ação para impedir que eu ocupasse a primeira magistratura.

Entre setembro e novembro do ano mencionado, ocorreram no Chile ações terroristas planejadas fora das nossas fronteiras, em conluio com grupos fascistas internos, as quais culminaram no assassinato do comandante do Exército, general René Schneider Chereau, homem justo e grande soldado, símbolo do constitucionalismo das Forças Armadas do Chile.

Em março do ano corrente vieram à tona os documentos que denunciam a relação entre esses tenebrosos propósitos e a ITT. Esta última reconheceu que chegou até mesmo a sugerir ao governo dos Estados Unidos que interviesse nos acontecimentos políticos do Chile. Os documentos são autênticos. Ninguém ousou desmenti-los.

Posteriormente, o mundo soube, com estupor, em julho passado, dos distintos aspectos de um novo plano de ação que a mesma ITT havia apresentado ao governo estadunidense, com o propósito de derrubar o meu governo em seis meses. Tenho na minha pasta o documento, datado de outubro de 1971, que contém os dezoito pontos que constituíam esse plano. Propunha o estrangulamento econômico, a sabotagem diplomática, a desordem social, criar pânico na população, para que, uma vez desbordado o governo, as Forças Armadas fossem impelidas a romper o regime democrático e impor uma ditadura.

No mesmo momento em que a ITT propunha esse plano, seus representantes simulavam negociar com o meu governo uma fórmula para a aquisição, pelo Estado chileno, da participação da ITT na Companhia de Telefones do Chile. Desde os primeiros dias da minha administração, iniciamos negociações para adquirir a empresa telefônica que a ITT controlava, por razões de segurança nacional.

Recebi pessoalmente, em duas oportunidades, altos executivos dessa empresa. Nas discussões, meu governo atuava de boa-fé. A ITT, de sua parte, se negava a aceitar o pagamento do preço fixado de acordo com a taxação de peritos internacionais, criava dificuldades para uma solução rápida e equitativa, enquanto sub-repticiamente tentava desencadear uma situação caótica no meu país.

A decisão do povo chileno de defender o regime democrático e o progresso da revolução, a lealdade das Forças Armadas para com a sua pátria e as suas leis levaram ao fracasso essas sinistras tentativas.

Senhores delegados, eu acuso perante a consciência do mundo a ITT de pretender provocar uma guerra civil na minha pátria. Isso é o que qualificamos de ação imperialista.

O Chile está agora diante de um perigo cuja solução não depende apenas da vontade nacional, mas de uma vasta gama de elementos externos. Refiro-me à ação empreendida pela Kennecott Copper. Ação que, como expressou na semana passada o ministro de Minas e Hidrocarbonetos do Peru na reunião ministerial do Conselho Internacional de Países Exportadores de Cobre (Cipec), traz à memória do povo revolucionário do Peru um passado de opróbrio do qual foi protagonista a International Petroleum Co., expulsa definitivamente do país pela revolução.

Nossa Constituição estabelece que as disputas originadas pelas nacionalizações devem ser resolvidas por um tribunal que, como todos os tribunais do meu país, seja independente e soberano em suas decisões. A Kennecott Copper aceitou essa jurisdição e durante um ano litigou perante esse tribunal. Sua apelação foi rechaçada e, desde então, decidiu utilizar seu grande poder para nos despojar dos benefícios das nossas exportações de cobre e fazer pressão contra o governo do Chile. Em sua ousadia, chegou a pedir, em setembro passado, o embargo do preço das ditas exportações perante os tribunais da França, da Holanda e da Suécia. Certamente tentará em outros países. O fundamento dessas ações não pode ser mais inaceitável, sob qualquer ponto de vista jurídico e moral.

A Kennecott pretende que tribunais de outras nações, que nada têm a ver com os problemas ou os negócios entre o Estado chileno e a Companhia Kennecott Copper, decidam que é nulo um ato soberano do nosso Estado, realizado em virtude de um mandato da mais alta hierarquia, como estabelecido na Constituição política e referendado pela unanimidade do povo chileno.

Essa pretensão se choca com os princípios essenciais do direito internacional, em virtude dos quais os recursos naturais de um país, sobretudo quando se trata daqueles que constituem sua vida, pertencem a ele e deles ele pode dispor livremente. Não existe uma lei internacional aceita por todos ou, neste caso, um tratado específico que preveja isso. A comunidade mundial, organizada sob os princípios das Nações Unidas, não aceita uma interpretação do direito internacional subordinada aos interesses do capitalismo, que leva os tribunais de qualquer país estrangeiro a amparar uma estrutura de relações econômicas a serviço desse mesmo capitalismo. Se fosse assim, estaríamos vulnerando um princípio fundamental da vida internacional: o da não intervenção nos assuntos de um Estado, como expressamente reconheceu a III Unctad.

Estamos regidos pelo direito internacional aceito reiteradamente pelas Nações Unidas, em particular pela Resolução 1.803 da Assembleia Geral, normas que acabam de reforçar a Junta de Comércio e Desenvolvimento, tendo precisamente como antecedente a denúncia que o meu país formulou contra a Kennecott.

A resolução respectiva, além de reafirmar o direito soberano de todos os países a dispor livremente dos seus recursos naturais, declarou que:

> em aplicação desse princípio, as nacionalizações que os Estados levem a cabo para resgatar esses recursos são expressão de uma faculdade soberana, por isso compete a cada Estado fixar as modalidades de tais medidas, e as disputas que podem ser suscitadas em razão delas são de recurso exclusivo de seus tribunais, sem prejuízo do disposto na Resolução 1.803 da Assembleia Geral.

Essa resolução permite excepcionalmente a intervenção de jurisdições extranacionais sempre que "houver acordo entre Estados soberanos e outras partes interessadas".

Essa é a única tese aceitável nas Nações Unidas. É a única que está conforme com a sua filosofia e os seus princípios. É a única que pode proteger o direito dos fracos contra o abuso dos fortes.

Como não podia deixar de ser, obtivemos nos tribunais de Paris a suspensão do embargo que pesava sobre o valor de uma exportação do nosso cobre. Continuaremos defendendo sem desalento a exclusiva competência dos tribunais chilenos para julgar qualquer disputa relativa à nacionalização do nosso recurso básico.

Para o Chile, essa não é apenas uma importante matéria de interpretação jurídica. É um problema de soberania. Senhores delegados, é muito mais, é um problema de sobrevivência.

A agressão da Kennecott causa prejuízos graves à nossa economia. Só as dificuldades diretas impostas à comercialização do cobre significaram para o Chile, em dois meses, perdas de muitos milhões de dólares. Mas não é tudo. Já me referi aos efeitos vinculados à paralisia das operações financeiras do meu país com o sistema bancário da Europa Ocidental. É nítido também o propósito de criar um clima de insegurança perante os compradores do nosso principal produto de exportação, o que não terá êxito.

É para onde se dirigem atualmente os planos dessa empresa imperialista, porque não pode esperar que, afinal, nenhum poder político ou judicial prive o Chile do que legitimamente lhe pertence. Querem nos dobrar. Jamais conseguirão!

A agressão das grandes empresas capitalistas pretende impedir a emancipação das classes populares, representa um ataque direto contra os interesses econômicos dos trabalhadores.

Senhores delegados, o povo chileno é um povo que alcançou a maturidade política para decidir, majoritariamente, a substituição do sistema econômico capitalista pelo socialista. Nosso regime político contou com instituições suficientemente abertas para canalizar essa vontade revolucionária sem rupturas violentas. É meu dever advertir esta assembleia de que as represálias e o bloqueio destinados a produzir contradições e deformações econômicas encadeadas ameaçam repercutir sobre a paz e a convivência internas. Não conseguirão. A imensa maioria dos chilenos saberá resistir a essas represálias com atitude patriótica e digna. Eu disse no início: a história, a terra e o homem, no Chile, se fundem num grande sentimento nacional.

O FENÔMENO DAS CORPORAÇÕES TRANSNACIONAIS

Na III Unctad tive a oportunidade de me referir ao fenômeno das corporações transnacionais e destaquei o vertiginoso crescimento do seu poder econômico, influência política e ação corruptora. Daí o alarme com que a opinião mundial deve reagir diante de semelhante realidade. O poderio dessas corporações é tão grande que atravessa todas as fronteiras. Só os investimentos no exterior das companhias estadunidenses, que alcançam hoje 32 bilhões de dólares, cresceram entre 1950 e 1970 a um ritmo de 10% ao ano, enquanto as exportações desse país aumentaram apenas 5%. Seus lucros são fabulosos e representam para os países em desenvolvimento uma enorme drenagem de recursos.

Em apenas um ano, essas empresas retiraram lucros do Terceiro Mundo que significaram transferências líquidas em favor delas no valor de 1,723 bilhão de dólares: foram 1,013 bilhão da América Latina, 280 milhões da África, 366 milhões do Extremo Oriente e 64 milhões do Oriente Médio. Sua influência e âmbito de ação estão abalando as práticas tradicionais de comércio entre os Estados, de transferência tecnológica, de transmissão de recursos entre as nações e as relações de trabalho.

Estamos diante de um verdadeiro conflito entre as grandes corporações transnacionais e os Estados. Estes últimos sofrem interferências em suas decisões fundamentais – políticas, econômicas e militares – de organizações globais que não dependem de nenhum Estado e cujas atividades não respondem nem são fiscalizadas por nenhum parlamento, por nenhuma instituição representativa de interesse coletivo. Em uma palavra, é toda a estrutura política do mundo que está sendo minada. "Os mercadores não têm pátria. O lugar onde atuam não constitui vínculo. Só lhes interessa o lucro." Essa frase não é minha, é de Jefferson.

Mas as grandes empresas transnacionais não atentam apenas contra os interesses genuínos dos países em desenvolvimento. Sua ação avassaladora e incontrolada se dá também nos países industrializados, onde estão sediadas. Isso foi denunciado nos últimos tempos na Europa e nos Estados Unidos, o que deu origem a uma investigação por parte do Senado estadunidense. Diante desse perigo, os povos desenvolvidos não estão mais seguros que os subdesenvolvidos. É um fenômeno que já provocou a crescente mobilização dos trabalhadores organizados, inclusive das grandes entidades sindicais que existem no mundo. Uma vez mais, a atuação solidária internacional dos trabalhadores deverá enfrentar um adversário comum: O IMPERIALISMO.

Foram principalmente esses atos que levaram o Conselho Econômico e Social das Nações Unidas, a partir da denúncia apresentada pelo Chile, a aprovar, em julho do ano passado, por unanimidade, a resolução dispondo sobre a convocação de um grupo de personalidades mundiais para que estudem a "Função e os efeitos das corporações transnacionais no processo de desenvolvimento, especialmente dos países em desenvolvimento, e suas repercussões nas relações internacionais. Esse grupo deverá apresentar recomendações para uma ação internacional apropriada".

Nosso problema não é isolado nem único. É a manifestação local de uma realidade que nos desborda, que abarca o continente latino-americano e o Terceiro Mundo. Com intensidade variável e peculiaridades singulares, todos os países periféricos estão expostos a algo semelhante.

O sentido de solidariedade humana que impera nos países desenvolvidos deve sentir repugnância por um grupo de empresas conseguir interferir impunemente na engrenagem mais vital da vida de uma nação, até perturbá-la completamente.

O porta-voz do Grupo Africano, ao anunciar na Junta de Comércio e Desenvolvimento, há algumas semanas, a posição desses países diante da denúncia do Chile contra a agressão da Kennecott Copper, declarou que o grupo se solidarizava plenamente com o Chile, porque não se trata de uma questão que afeta apenas uma nação, mas, potencialmente, todo o mundo em desenvolvimento. Essas palavras têm grande valor, porque significam o reconhecimento de todo um continente de que, pelo caso chileno, se desenha uma nova etapa da batalha entre o imperialismo e os países fracos do Terceiro Mundo.

OS PAÍSES DO TERCEIRO MUNDO

A batalha pela defesa dos recursos naturais é parte daquela que os países do Terceiro Mundo travam para vencer o subdesenvolvimento. A agressão que sofremos faz parecer que é ilusório o cumprimento das promessas feitas nos últimos anos quanto à adoção de uma ação de envergadura para superar o estado de atraso e necessidade das nações da África, da Ásia e da América Latina.

Há dois anos, esta Assembleia Geral, por ocasião do 25º aniversário das Nações Unidas, proclamou solenemente a estratégia para o Segundo Decênio do Desenvolvimento. Por essa estratégia, todos os Estados membros da organização se comprometeram a não poupar esforços para transformar, por meio de medidas concretas, a atual injusta divisão internacional do trabalho e preencher a enorme brecha econômica e tecnológica que separa os países opulentos dos países em via de se desenvolver. Estamos comprovando que nenhum desses propósitos se tornou realidade. Pelo contrário, houve retrocessos.

Os mercados dos países industrializados continuaram tão fechados quanto antes para os produtos básicos dos países em desenvolvimento, especialmente os produtos agrícolas. Além disso, os sinais de protecionismo aumentaram; os termos do intercâmbio continuaram a se deteriorar; o sistema de preferências generalizadas para as exportações das nossas manufaturas e semimanufaturas não foi posto em prática na nação cujo mercado oferecia melhores perspectivas, dado o seu volume, e não há indícios de que o será num futuro próximo.

A transferência de recursos financeiros públicos, longe de chegar a 0,7% do Produto Interno Bruto das nações desenvolvidas, baixou de 0,34% para 0,24%. O endividamento dos países em desenvolvimento, que já era enorme no início deste ano, subiu em poucos meses de 70 para 75 bilhões de dólares. Os volumosos pagamentos por serviços de dívidas que representam uma retirada insuportável para esses países têm sido provocados, em grande medida, pelas condições e modalidades dos empréstimos. Os serviços aumentaram 18% em 1970 e 20% em 1971, o que é mais do que o dobro da taxa média do decênio de 1960.

Esse é o drama do subdesenvolvimento e dos países que ainda não souberam fazer valer seus direitos e defender, com uma vigorosa ação coletiva, o preço das matérias-primas e dos produtos básicos, bem como fazer frente às ameaças e agressões do neoimperialismo.

Somos países potencialmente ricos, vivemos na pobreza. Perambulamos de um lado para outro pedindo créditos, ajuda, e, no entanto – paradoxo próprio do sistema econômico capitalista –, somos grandes exportadores de capitais.

A AMÉRICA LATINA E O SUBDESENVOLVIMENTO

A América Latina, como componente do mundo em desenvolvimento, é parte do quadro que acabo de expor. Ao lado da Ásia, da África e dos países socialistas, ela tem travado nos últimos anos muitas batalhas para mudar a estrutura das relações econômicas e comerciais com o mundo capitalista; para substituir a injusta e discriminatória ordem econômica e monetária criada em Bretton Woods, no fim da Segunda Guerra Mundial.

É bem verdade que em muitos países da nossa região e dos outros continentes em desenvolvimento existem diferenças de renda nacional, e existem diferenças também nas regiões onde há vários países que poderiam ser considerados de menor desenvolvimento relativo entre os subdesenvolvidos. Mas essas diferenças – bastante mitigadas quando comparadas ao Produto Interno do mundo industrializado – não colocam a América Latina à margem do vasto setor menosprezado e explorado da humanidade.

O consenso de Viña del Mar, em 1969, já afirmou essas coincidências e tipificou, precisou e quantificou o atraso econômico e social da região e os fatores externos que o determinam, destacando as enormes injustiças cometidas contra ela sob o disfarce da cooperação e da ajuda, porque na América Latina grandes cidades que muitos admiram escondem o drama de centenas de milhares de seres que vivem em zonas marginalizadas, produto do pavoroso desemprego e subemprego; escondem desigualdades profundas entre os pequenos grupos privilegiados e as grandes massas, cujos índices de nutrição e saúde não são maiores que aqueles da Ásia e da África e que quase não têm acesso à cultura.

É fácil compreender por que o nosso continente latino-americano registra uma alta mortalidade infantil e uma baixa expectativa de vida, se considerarmos que há um déficit habitacional de 28 milhões de moradias, que 56% da população é subnutrida, que há mais de 100 milhões de analfabetos e semianalfabetos, 13 milhões de desempregados e mais de 50 milhões que só contam com trabalhos ocasionais. Mais de 20 milhões de latino-americanos não conhecem dinheiro, nem sequer como meio de intercâmbio.

Nenhum regime, nenhum governo foi capaz de resolver os grandes déficits de moradia, trabalho, alimentação e saúde. Pelo contrário, esses déficits se acumulam a cada ano com o aumento vegetativo da população. Se essa situação persistir, o que acontecerá quando formos mais de 600 milhões de habitantes no fim do século?

Nem sempre se percebe que o subcontinente latino-americano, cujas riquezas potenciais são enormes, se tornou o principal campo de ação do imperialismo econômico nos últimos trinta anos. Dados recentes do Fundo Monetário Internacional nos informam que a conta dos investimentos privados dos países desenvolvidos na América Latina apresenta um déficit contra ela de 10 bilhões de dólares entre 1960 e 1970. Em uma palavra, esse valor é o aporte líquido de capitais dessa região para o mundo opulento em dez anos.

O Chile se sente profundamente solidário com a América Latina, sem nenhuma exceção. Por essa razão, propicia e respeita estritamente a política de não intervenção e autodeterminação que aplicamos no plano mundial. Estimulamos fervorosamente a ampliação das nossas relações econômicas e culturais. Somos partidários da complementaridade e da integração das nossas economias. Daí trabalharmos com entusiasmo no âmbito da Alalc [Associação Latino-Americana de Livre Comércio] e, como primeira ação, pela formação do Mercado Comum dos Países Andinos, que nos une a Bolívia, Colômbia, Peru e Equador.

A América Latina deixa para trás a época dos protestos, que contribuíram para fortalecer a sua tomada de consciência. As fronteiras ideológicas foram derrubadas pela realidade; foram demolidos os propósitos divisionistas e belicosos; surge o afã de coordenar a ofensiva pela defesa dos interesses dos povos do continente e dos demais países em desenvolvimento.

Aqueles que impossibilitam a revolução pacífica fazem com que a revolução violenta seja inevitável.

A frase não é minha. Apenas a compartilho. Pertence a John Kennedy.

O CHILE NÃO ESTÁ SOZINHO

O Chile não está sozinho, não foi isolado nem da América Latina nem do resto do mundo. Pelo contrário, tem recebido inúmeras demonstrações de apoio e solidariedade. Para derrotar as tentativas de criar um cerco hostil em nosso entorno, conjugaram-se o crescente repúdio ao imperialismo, o respeito que merecem os esforços do povo chileno e a resposta à nossa política de amizade com todas as nações do mundo.

Na América Latina, todos os esquemas de cooperação ou integração econômica e cultural dos quais fazemos parte, no plano regional e sub-regional, continuaram a se fortalecer em ritmo acelerado e, dentro deles, nosso comércio cresceu consideravelmente, em especial com a Argentina, o México e os países do Pacto Andino.

A consciência dos países latino-americanos em foros mundiais e regionais, para sustentar os princípios da livre determinação sobre os recursos naturais, não foi fraturada. E diante dos recentes atentados contra a nossa soberania, temos recebido fraternas demonstrações de total solidariedade. A todos, nosso reconhecimento.

É justo mencionar a reiterada solidariedade do presidente do Peru, manifestada durante a conversa que tivemos há algumas horas, e assinalar a fraterna recepção com que me brindaram o presidente e o povo mexicano na grata visita que acabo de realizar à sua nação.

A Cuba socialista, que tem sofrido os rigores do bloqueio, tem nos ofertado sem reservas, permanentemente, a sua adesão revolucionária.

No plano mundial, devo destacar muito especialmente que tivemos ao nosso lado, desde o primeiro momento, em atitude amplamente solidária, os países socialistas da Europa e da Ásia. A grande maioria da comunidade internacional nos honrou com a escolha de Santiago como sede da III Unctad, e acolheu com interesse nosso convite para sediar a Primeira Conferência Mundial sobre Direito do Mar, que reitero na presente oportunidade.

A reunião em nível ministerial dos países não alinhados, celebrada em Georgetown, na Guiana, em setembro passado, expressou publicamente o seu decidido respaldo contra a agressão de que somos objeto por parte da Kennecott Copper.

O Cipec [Council of Copper Exporting Countries], organismo de coordenação criado pelos principais países exportadores de cobre – Peru, Zaire, Zâmbia e Chile –, reunido recentemente em Santiago a pedido do meu governo, em nível ministerial, para analisar essa situação de agressão contra a minha pátria promovida pela Kennecott, adotou várias resoluções e recomendações aos

Estados que constituem um claro apoio à nossa posição e um importante passo dado por países do Terceiro Mundo para defender o comércio dos seus produtos básicos.

Essas resoluções certamente serão matéria de um importante debate na Segunda Comissão. Quero apenas citar aqui a declaração categórica de que "todo ato que impeça ou entrave o exercício do direito soberano dos países a dispor livremente de seus recursos naturais constitui uma agressão econômica". E, evidentemente, os atos da empresa Kennecott contra o Chile são agressões econômicas. Portanto, concordam em solicitar de seus governos que seja suspensa toda relação econômica e comercial com essa empresa; porque as disputas sobre indenizações, em caso de nacionalização, são de exclusiva competência dos Estados que as decretam.

O mais significativo, porém, é que houve acordo para criar um mecanismo permanente de proteção e solidariedade em relação ao cobre. Esse mecanismo, junto à Opec [Organization of the Petroleum Exporting Countries], que atua no campo petroleiro, é o germe do que deveria ser uma organização de todos os países do Terceiro Mundo para proteger e defender a totalidade de seus produtos básicos, tanto os mineiros e energéticos como os agrícolas.

A grande maioria dos países da Europa Ocidental, desde o extremo norte, com os países escandinavos, até o extremo sul, com a Espanha, continuou a cooperar com o Chile e demonstrou sua compreensão.

Por último, vimos com emoção a solidariedade da classe trabalhadora do mundo, manifestada pelas grandes centrais sindicais e em atos de significado profundo, como foi a recusa dos trabalhadores portuários de Le Havre e Roterdã de descarregar o cobre do Chile, cujo pagamento fora, arbitrária e injustamente, embargado.

O NOVO PANORAMA DA POLÍTICA MUNDIAL

Senhor presidente, senhores delegados,

Focalizei minha exposição na agressão ao Chile e nos problemas latino-americanos e mundiais que estão relacionados a ela, seja em sua origem, seja em seus efeitos. Gostaria agora de me referir brevemente a outras questões que interessam à comunidade internacional.

Não vou mencionar aqui todos os problemas mundiais que estão na pauta desta assembleia. Não tenho a pretensão de apontar soluções para eles. Esta assembleia está trabalhando com empenho há mais de dois meses para definir e pactuar medidas adequadas.

Confiamos em que o resultado dessa labuta será frutífero. Minhas observações serão de caráter geral e refletem preocupações do povo chileno.

O quadro da política internacional que temos vivido desde o pós-guerra mudou em ritmo acelerado, e isso produziu uma nova correlação de forças. Outros centros de poder político e econômico cresceram e se fortaleceram. No caso do mundo socialista, cuja influência cresceu notavelmente, sua participação nas mais importantes decisões políticas no campo internacional é cada vez maior. É minha convicção que as relações comerciais e o sistema monetário internacional não poderão mudar – aspiração compartilhada pelos povos – se não participarem plenamente desse processo todos os países do mundo e, entre eles, os países do campo socialista. A República Popular da China, que abriga em suas fronteiras quase um terço da humanidade, recuperou, depois de um longo e injusto ostracismo, o lugar que lhe pertence no foro das negociações multilaterais, e estabeleceu relações diplomáticas e de intercâmbio com a maioria dos países do mundo.

A Comunidade Econômica Europeia se ampliou com o ingresso do Reino Unido da Grã-Bretanha e outros países, o que lhe dá um peso maior nas decisões, sobretudo no campo econômico. O crescimento econômico do Japão alcançou uma velocidade assombrosa.

O mundo em desenvolvimento está adquirindo a cada dia uma maior consciência das suas realidades e dos seus direitos. Exige justiça e equidade de tratamento, e que se reconheça o lugar que lhe corresponde na cena mundial.

Os motores dessa transformação têm sido, como sempre, os povos, em sua progressiva liberação para se tornar sujeitos da história. A inteligência humana promoveu vertiginosos progressos no campo da ciência e da técnica. A persistência e o vigor da política de coexistência pacífica, de independência econômica e de progresso social que as nações socialistas promoveram contribuíram decisivamente para aliviar as tensões que dividiram o mundo durante mais de vinte anos e determinaram a aceitação de novos valores na sociedade e nas relações internacionais.

Saudamos as transformações que trazem promessas de paz e prosperidade para muitos povos, mas exigimos que toda a humanidade participe delas. Infelizmente, essas transformações têm beneficiado irrisoriamente o mundo em desenvolvimento, que continua a ser tão explorado quanto antes. Cada vez mais distante da civilização do mundo industrializado, fervem dentro dele novas aspirações e justas rebeldias que continuarão eclodindo com força crescente.

Manifestamos nossa satisfação pela superação quase completa da Guerra Fria e pelo desenvolvimento de fatos alentadores: as negociações entre a União Soviética e os Estados Unidos, no que tange tanto ao comércio como ao desarmamento; a concertação de tratados entre a República Federal Alemã, a União Soviética e a Polônia; a iminência da Conferência de Segurança Europeia; as negociações entre os dois Estados alemães e seu ingresso praticamente garantido nas Nações Unidas; as negociações entre os governos da República Popular Democrática da Coreia e a República da Coreia, para citar apenas os mais promissores. Não se pode negar que haja tréguas, acordos, redução da situação explosiva na arena internacional.

Há, no entanto, muitos conflitos sem solução, que exigem vontade de concordância das partes, ou colaboração da comunidade internacional e das grandes potências. Continuam ativas as agressões e as disputas em diversas partes do mundo: o conflito no Oriente Médio, o mais explosivo de todos, onde ainda não foi possível chegar à paz, como recomendaram as resoluções dos principais órgãos das Nações Unidas; o assédio e a perseguição contra Cuba; a exploração colonial; a ignomínia do racismo e do *apartheid*; o alargamento do fosso econômico e tecnológico entre países ricos e países pobres.

HAVERÁ PAZ NO VIETNÃ

Não há paz para a Indochina, mas haverá. A paz chegará para o Vietnã. Há de chegar, porque ninguém mais duvida da inutilidade dessa guerra monstruosamente injusta, que persegue um objetivo tão irrealizável nos dias atuais como impor a povos com consciência revolucionária políticas que lhes são inaceitáveis, porque contrariam seu interesse nacional, seu gênio e sua personalidade.

Haverá paz. Mas o que deixa essa guerra tão cruel, tão prolongada e tão desigual? O saldo, depois de tantos anos de luta cruenta, é apenas a tortura de um povo admirável em sua dignidade; milhões de mortos e órfãos; cidades inteiras desaparecidas; centenas de milhares de hectares de terras devastadas, sem vida vegetal possível; destruição ecológica; a sociedade estadunidense sob comoção; milhares de lares em luto pela ausência dos seus. O caminho indicado por Lincoln não foi seguido.

Essa guerra deixa também muitas lições. Que o abuso da força desmoraliza quem a emprega e produz dúvidas profundas em sua própria consciência social; que a convicção de um povo que defende sua independência o leva ao heroísmo e o torna capaz de resistir à violência material do mais gigantesco aparelho militar e econômico.

RUMO A UMA NOVA ETAPA NA ORDEM INTERNACIONAL

O novo quadro político cria condições favoráveis para que a comunidade de nações faça, nos próximos anos, um grande esforço destinado a dar vida e dimensão renovada à ordem internacional.

Tal esforço deverá inspirar-se nos princípios da Carta e em outros que a comunidade vem agregando, por exemplo, aqueles da Unctad. Como dissemos, três conceitos fundamentais que presidem as responsabilidades outorgadas às Nações Unidas deveriam lhe servir de guia: o princípio da segurança política coletiva; o princípio da segurança econômica e social coletiva; e o princípio do respeito universal aos direitos fundamentais do homem, inclusive aqueles de ordem econômica, social e cultural, sem discriminação alguma.

Damos particular importância à tarefa de afirmar a segurança econômica coletiva, na qual tanto insistiram recentemente o Brasil e o secretário-geral das Nações Unidas.

Como passo importante nessa direção, a organização mundial deveria quanto antes tornar realidade a Carta de Direitos e Deveres Econômicos dos Estados, ideia fecunda que o presidente do México, Luis Echeverría, levou à III Unctad. Como o ilustre mandatário do país irmão, acreditamos que "não é possível uma ordem justa e um mundo estável enquanto não forem criados direitos e obrigações que protejam os Estados mais frágeis".

A ação futura da coletividade das nações deve dar ênfase a uma política que tenha todos os povos como protagonistas. A Carta das Nações Unidas foi concebida e apresentada em nome de "Nós, os Povos das Nações Unidas".

A ação internacional tem de se direcionar para servir ao homem que não goza de privilégios, mas antes sofre e trabalha: do mineiro de Cardiff ao "fellah" do Egito; do trabalhador que cultiva o cacau em Gana, ou na Costa do Marfim, ao camponês do Altiplano da América do Sul; do pescador de Java ao cafeeiro do Quênia ou da Colômbia. A ação internacional deveria alcançar os 2 bilhões de seres negligenciados que a coletividade tem a obrigação de incluir no atual nível de evolução histórica, reconhecendo-lhes "o valor e a dignidade de pessoa humana", como contempla o preâmbulo da Carta.

É tarefa inadiável para a comunidade internacional assegurar o cumprimento da estratégia para o Segundo Decênio do Desenvolvimento e pôr esse instrumento no mesmo diapasão das novas realidades do Terceiro Mundo e da consciência renovada dos povos.

A diminuição das tensões nas relações entre os países, o progresso da cooperação e o entendimento exigem e permitem simultaneamente reconverter as gigantescas atividades destinadas à guerra em outras que imponham, como nova fronteira, atender as incomensuráveis carências de toda ordem de mais de dois terços da humanidade. De tal modo que os países mais desenvolvidos aumentem sua produção e seu nível de ocupação em associação com os reais interesses dos países menos desenvolvidos. Só então poderemos falar de uma autêntica comunidade internacional.

A presente assembleia deverá concretizar a realização da Conferência Mundial para estabelecer o chamado direito do mar, ou seja, um conjunto de normas que regulamentem, de modo global, tudo o que se refere ao uso e à exploração do vasto espaço marinho, inclusive do seu subsolo. Essa é uma tarefa grandiosa e promissora para as Nações Unidas, porque estamos diante de um problema do qual só há pouco a humanidade tomou consciência, e muitas situações estabelecidas podem ser perfeitamente conciliadas com o interesse geral. Quero recordar que coube aos países do extremo sul da América – Equador, Peru e Chile – iniciar há precisamente vinte anos essa tomada de consciência que culminará com a adoção de um tratado sobre o direito marítimo. É imperativo que esse trabalho inclua o princípio aprovado pela III Unctad sobre os direitos dos Estados litorâneos aos recursos do seu mar jurisdicional e, ao mesmo tempo, crie os instrumentos e os mecanismos para que o espaço marinho extrajurisdicional constitua um patrimônio comum da humanidade e seja explorado em benefício de todos por uma autoridade internacional.

Reafirmo nossa esperança na missão das Nações Unidas. Sabemos que seus êxitos ou seus fracassos dependem da vontade política dos Estados e de sua capacidade para representar os anseios da imensa maioria da humanidade. Depende deles que as Nações Unidas sejam um foro meramente convencional ou um instrumento eficaz.

Trouxe aqui a voz da minha pátria unida diante das pressões externas. Um país que pede compreensão. Que reclama justiça e a merece, porque sempre respeitou o princípio da autodeterminação e observou estritamente o princípio da não intervenção nos assuntos internos de outros Estados. Nunca se esquivou do cumprimento de suas obrigações internacionais e agora cultiva relações amistosas com todos os países do globo. Decerto, temos diferenças com alguns, mas nada que não estejamos prontos a discutir, utilizando para isso os instrumentos multilaterais e bilaterais que subscritamos.

Nosso respeito aos tratados é invariável.

Senhores delegados, quis reafirmar aqui, enfaticamente, que a vontade de paz e cooperação universal é uma das características dominantes do povo chileno. Disso resulta a firmeza com que defenderá a sua independência política e econômica e o cumprimento das suas obrigações coletivas democraticamente adotadas no exercício da sua soberania.

Em menos de uma semana, aconteceram fatos que convertem em certeza a confiança de que venceremos em breve essa luta iniciada para alcançar tais objetivos.

Refiro-me à franca, direta e calorosa conversa que tive com o distinto presidente do Peru, general Juan Velasco Alvarado, quem reiterou publicamente a solidariedade plena do seu país com o Chile diante dos atentados que acabamos de denunciar perante os senhores. Refiro-me ainda aos acordos do Cipec, que já citei, e à minha visita ao México.

É difícil, quase impossível, descrever a profundidade, a firmeza, o afeto do apoio que nos foi dado pelo governo e pelo povo mexicano. Recebi tais demonstrações de adesão do presidente Echeverría, do Parlamento, das universidades e, sobretudo, do povo, que se expressou unindo-se em multidões, de tal forma que a emoção ainda me embarga e me subjuga por sua infinita generosidade.

Venho reconfortado, porque, depois dessa experiência, tenho agora a certeza absoluta de que a consciência dos povos latino-americanos sobre os perigos que nos ameaçam a todos adquiriu uma nova dimensão, e que esses povos estão convencidos de que a unidade é a única maneira de se defender desse grave perigo.

Quando se sente o fervor de centenas de milhares de homens e mulheres que se comprimem nas ruas e nas praças para dizer, com decisão e esperança: "Estamos com vocês, não recuem, vocês vencerão", toda dúvida se dissipa, toda angústia desaparece. São os povos, todos os povos ao sul do Rio Bravo, que se erguem para dizer: "Basta! Basta de dependência! Basta de pressões! Basta de intervenção!". Para afirmar o direito soberano de todos os países em desenvolvimento de dispor livremente de seus recursos naturais.

Existe uma realidade que se fez vontade e consciência. São mais de 250 milhões de seres que exigem ser ouvidos e respeitados.

Centenas de milhares de chilenos se despediram de mim com fervor quando saí da minha pátria e me entregaram a mensagem que trouxe a esta Assembleia Mundial. Estou certo de que os senhores, representantes das nações da terra, saberão compreender minhas palavras. Nossa autoconfiança ampara nossa fé nos grandes valores da humanidade, na certeza de que esses valores hão de prevalecer. Não serão destruídos! [*ovação*]

11 DE SETEMBRO DE 1973

ÚLTIMO DISCURSO

Palacio de La Moneda

Aqui fala o presidente da República, do Palacio de La Moneda. Informações confirmadas assinalam que um setor da Marinha teria isolado Valparaíso e que a cidade estaria ocupada, o que significa um levante contra o governo, contra o governo legitimamente constituído, contra o governo que se ampara na lei e na vontade dos cidadãos.

Nestas circunstâncias, peço, sobretudo aos trabalhadores, que ocupem seus postos de trabalho, que compareçam às fábricas, que mantenham a calma e a serenidade. Até o momento, em Santiago, não houve nenhuma movimentação extraordinária de tropas. Segundo me informou o chefe da guarnição, Santiago estaria aquartelado e normal.

Em todo caso, estou aqui, no Palácio do Governo, e aqui ficarei, defendendo o governo que represento pela vontade do povo, porque desejo, fundamentalmente essencialmente, que os trabalhadores estejam atentos, vigilantes, que evitem provocações. E, como primeira etapa, temos de ver a resposta, que espero que seja positiva, dos soldados da pátria, que juraram defender o regime estabelecido, que é expressão da vontade dos cidadãos, e que cumprirão a doutrina que deu prestígio ao Chile e ainda lhe dá, pelo profissionalismo de suas Forças Armadas.

Nestas circunstâncias, tenho a certeza de que os soldados saberão cumprir com sua obrigação. De todo modo, o povo e os trabalhadores, fundamentalmente, devem estar mobilizados ativamente, mas em seu lugar de trabalho, escutando o chamado que as instituições possam lhes fazer e as instruções que lhes dê o companheiro presidente da República...

[...] quero lhes dizer que tenham fé. A história não pode ser detida, nem com a repressão nem com o crime. Esta é uma etapa que será superada. Este é um momento duro e difícil. É possível que nos esmaguem, mas o amanhã será do povo, será dos trabalhadores. A humanidade avança para a conquista de uma vida melhor.

Compatriotas, é possível que silenciem as rádios e me despeço de vocês. Neste momento, estão passando os aviões. É possível que disparem contra nós. Mas saibam que aqui estamos, pelo menos com este exemplo, para assinalar que neste país há homens que sabem cumprir com as suas obrigações. É o que eu farei pelo mandato do povo e pela vontade consciente de um presidente que tem a dignidade do cargo, e que tem a consciência de ter sido honesto no desempenho de suas funções.

Compatriotas, esta será certamente a última chance de me dirigir a vocês. A Força Aérea bombardeou as torres da Rádio Portales e da Rádio Corporación. Minhas palavras não têm amargura, mas decepção. Elas serão o castigo moral para aqueles que traíram o juramento que fizeram: soldados do Chile, comandantes em chefe e titulares... e o almirante Merino, que se autodesignou comandante da Armada, e o senhor Mendoza, general rasteiro, que ainda ontem manifestou sua solidariedade e sua lealdade ao governo, e também se autodenominou General-Diretor dos Carabineiros.

Diante destes fatos, só me cabe dizer aos trabalhadores: não vou renunciar! Posto neste momento histórico, pagarei com a minha vida a lealdade ao povo. E digo que tenho a certeza de que a semente que entregamos à consciência digna de milhares e milhares de chilenos não poderá ser ceifada definitivamente. Eles têm a força, podem nos avassalar, mas os processos sociais não são detidos nem pelo crime nem com a força. A história é nossa e são os povos que a fazem.

Trabalhadores da minha pátria, quero agradecer a vocês a lealdade que sempre tiveram, a confiança que depositaram num homem que foi apenas o intérprete de grandes anelos de justiça, que deu a sua palavra de que respeitaria a Constituição e a lei, e assim fez. Neste momento definitivo, o último em que posso me dirigir a vocês, quero que aproveitem a lição:

O capital estrangeiro, o imperialismo, unidos à reação, criaram o clima para que as Forças Armadas rompessem a sua tradição, aquela que Schneider ensinou e o comandante Araya reafirmou, vítimas do mesmo setor social que hoje está em suas casas esperando conquistar o poder por mãos alheias para continuar defendendo suas negociatas e seus privilégios.

Me dirijo sobretudo à modesta mulher da nossa terra, à camponesa que acreditou em nós, à operária que trabalhou ainda mais, à mãe que soube da nossa preocupação com as crianças. Me dirijo aos profissionais da pátria, aos profissionais patriotas, àqueles que há dias vinham trabalhando contra a sedição prenunciada pelos colégios profissionais, pelos colégios classistas, para também defender as vantagens que a sociedade capitalista oferece a poucos.

Me dirijo à juventude, àqueles que cantaram e entregaram sua alegria e seu espírito de luta. Me dirijo ao homem do Chile, ao operário, ao camponês, ao intelectual, àqueles que serão perseguidos, porque em nosso país o fascismo já estava presente muitas vezes nos atentados terroristas, explodindo pontes, interrompendo linhas férreas, destruindo oleodutos e gasodutos, diante do silêncio dos que tinham a obrigação de agir. Estavam comprometidos. A História os julgará.

Seguramente, a Rádio Magallanes será silenciada e o metal tranquilo da minha voz não chegará a vocês. Não importa. Continuarão me ouvindo. Sempre estarei com vocês, pelo menos a minha lembrança será a de um homem digno, que foi leal com a pátria. O povo deve se defender, mas não se sacrificar. O povo não deve se deixar arrasar nem crivar, tampouco se humilhar.

Trabalhadores da minha pátria, tenho fé no Chile e no seu destino. Outros homens hão de superar este momento sombrio e amargo em que a traição pretende se impor. Saibam sempre que, mais cedo do que se imagina, de novo se abrirão as grandes alamedas por onde passará o homem livre para construir uma sociedade melhor.

Viva o Chile! Viva o povo! Viva os trabalhadores!

Essas são minhas últimas palavras. Tenho a certeza de que o meu sacrifício não será em vão. Tenho a certeza de que, pelo menos, será uma lição moral que castigará a felonia, a covardia e a traição.

POSFÁCIO

RODRIGO KARMY BOLTON

I

Partamos de uma premissa histórica e material, sem a qual é impossível compreender como e por que existiu o governo da Unidade Popular liderado por Salvador Allende Gossens: a amálgama da República do Chile, desde o primeiro triênio do século XIX, é um paradigma autoritário que despreza o povo, concebendo-o como carente de virtudes cívicas. Por isso, o poder é compreendido a partir de um "governo forte e centralizador", cujas decisões competem sempre a uma oligarquia que supostamente goza das virtudes das quais carece o povo. Esse paradigma, imposto desde 1830 no contexto da modernização do Estado, foi articulado pelo ministro Diego Portales Palazuelos e consolidado, não sem grandes sobressaltos e mutações, durante o restante do século XIX e todo o século XX. A maneira como a política é entendida no Chile repousa, pois, sobre esse paradigma propriamente autoritário e centralizador, que despreza a possibilidade de que o povo possa se governar e tomar decisões. Trata-se do paradigma "portaliano".

A cena histórico-jurídica da qual surge Allende é a seguinte: o Chile vinha saindo de uma custosa guerra civil (1891) na qual o presidente José Manuel Balmaceda enfrentou as forças oligárquicas entrincheiradas no Congresso Nacional. O conflito, que foi possível graças ao regime parlamentar então vigente, terminou de maneira trágica, com o suicídio do presidente e o triunfo das forças parlamentares que representavam a oligarquia. A ordem política instaurada na sequência restabeleceu o paradigma "portaliano" sob o novo presidente da República, Arturo Alessandri Palma, que exigiu a redação de um novo texto hiperpresidencialista, justamente em razão do regime parlamentar que sucumbira no fim do século XIX, com a guerra civil. Assim, o texto constitucional foi referendado por um acordo entre os partidos políticos da época – não pelos cidadãos – e veio a constituir a matriz jurídica a partir da qual foi impulsionada uma concepção "desenvolvimentista" do Estado e da economia.

Diante desses fatos, uma crise econômica se arrastava desde a Primeira Guerra Mundial; a exportação do salitre se viu profundamente afetada pela invenção de um substituto "sintético" (mais barato) e pela crise econômica de 1929, quando o PIB chileno caiu cerca de 14%. Desde o início do século XX, a exportação do salitre seria substituída pela exportação do cobre, graças à penetração no Chile de grandes companhias estadunidenses que investiram no maquinário necessário à exploração – e cujo papel na desestabilização do governo Allende, já desde 1970, seria determinante.

O caráter autoritário da Constituição de 1925 e as sucessivas crises econômicas articularam uma cena complexa: as massas de operários e camponeses, afetadas diretamente pelas crises, tinham pouquíssima capacidade de influência sobre a vida política nacional. Nesse cenário, e em virtude da organização dos operários, surgiram novos partidos políticos no início do século XX: o Partido Comunista do Chile (1922) e o Partido Socialista (1933), atores-chave na aliança que daria origem à coalizão da Unidade Popular e levará Salvador Allende à presidência da República em 1970.

Os anos 1930 foram decisivos: os partidos progressistas e de esquerda (entre os quais o Partido Comunista e o Partido Socialista), inspirados na luta internacional contra o fascismo, articularam uma ampla coalizão denominada "Frente Popular", cujo primeiro presidente foi Pedro Aguirre Cerda. De 1939 a 1942, ela seria dirigida por um jovem médico eleito deputado da República em 1937 e membro fundador do Partido Socialista do Chile: Salvador Allende Gossens.

Em 1945, Allende foi eleito senador (ele seria reeleito até 1969) e a trajetória política do país experimentou uma transfiguração geopolítica fundamental: o fim da Segunda Guerra Mundial situou os Estados Unidos como potência mundial e a inspiração "antifascista" dos governos radicais foi mudando progressivamente. O novo cenário da "Guerra Fria" começava a se impor.

A eleição de Gabriel González Videla à presidência da República (1946-52) teve papel crucial nesse contexto, pois com ele foi selado um pacto geopolítico entre o Chile e os Estados Unidos. Uma das primeiras expressões da nova situação que surge com a eleição de González Videla foi a proposta de uma "lei de defesa da democracia" (também conhecida como "lei maldita"), que tornou ilegal o Partido Comunista do Chile. Seus militantes, entre os quais Pablo Neruda, foram forçados ao exílio ou levados, pela primeira vez, a campos de concentração (Pisagua, que voltaria a funcionar sob a ditadura de Pinochet, era um desses campos).

Foi precisamente em 1952, quando terminou o mandato de González Videla, que o então senador Allende se lançou pela primeira vez candidato à presidência pela Frente Nacional do Povo (Frenap), um agrupamento formado pela aliança entre o Partido Comunista (ainda ilegal), o Partido Socialista e outras organizações. Allende obteve apenas 5,45% dos votos – o Partido Socialista se cindira e o Partido Socialista Popular, nascido dessa cisão, apoiou Ibáñez del Campo. Ex-comandante das Forças de Polícia (ou Carabineiros), Ibáñez del Campo impôs-se sobre os diferentes candidatos com 46,79% dos votos.

Em 1956, Allende formou a Frente de Ação Popular (Frap), uma aliança de partidos de esquerda que o projetou como candidato à presidência pela segunda vez.

Na eleição de 1958, triunfou o candidato da direita, o engenheiro civil Jorge Alessandri Rodríguez (segundo filho de Arturo Alessandri Palma, presidente em 1925), com uma proposta tecnocrática. Finalmente, em 1964, Allende voltou a sair candidato pela Frap, obtendo 39% dos votos, mas foi derrotado por Eduardo Frei Montalva, candidato do novo partido com o qual as camadas médias se identificavam desde o começo dos anos 1960: a Democracia Cristã.

Aqui merece registro um dado importante. A candidatura de Frei triunfou graças a dois fatores: em primeiro lugar, a aliança que a Democracia Cristã estabeleceu com a direita; em segundo lugar, o apoio dos Estados Unidos, que injetaram milhões de dólares na campanha de Frei para impedir que Allende vencesse. Trata-se de um momento fulcral: Allende nunca obteria um percentual maior de votos. Naquela ocasião, no entanto, ele não chegou à presidência da República, o que só ocorrerá na eleição de 1970, quando obteve 36% dos votos.

II

Salvador Allende atravessou o século XX com uma carreira política ininterrupta, exercendo cargos específicos como deputado, ministro da Saúde, senador e quatro vezes candidato à presidência da República, até o triunfo em 4 de setembro de 1970, ratificado pelo Congresso Pleno (procedimento que ocorria quando um candidato não obtinha a maioria dos votos). Essa carreira, contudo, não foi produto simplesmente de uma virtude pessoal, mas, sim, expressão de um processo de composição de forças "desde a base" que, sob a liderança de Allende, estabeleceu uma dupla unificação: por um lado, a coalizão "política", plasmada na união dos partidos políticos de esquerda em torno de um projeto comum e, por outro, a organização das forças operárias e campesinas para tomar o poder e ser protagonistas desse processo.

Sob essa perspectiva, o projeto da Unidade Popular é ímpar, pois rompe o paradigma "portaliano" que ainda se sustentava com base no pacto oligárquico de 1925: tratava-se de fazer com que operários e camponeses tivessem influência sobre a política nacional. Com esse fim, a Unidade Popular traçou um discurso intempestivo apelando para a "segunda independência". Em 1810, fora convocada na Capitania-Geral do Reino do Chile uma primeira Junta de Governo em razão da invasão napoleônica à Espanha e da queda do rei Fernando VII. Nessa primeira junta a narrativa chilena identificou o início do processo de independência que erigiu Bernardo O'Higgins, que lutou com as forças independentistas do general San Martín, como o "pai da pátria", o líder da luta do Chile pela independência do jugo espanhol. O'Higgins foi nosso primeiro "Diretor Supremo", mas terminou exilado no Peru.

No imaginário allendista, O'Higgins foi quem possibilitou a "independência política" do Chile, mas não sua "independência econômica": "Somos países potencialmente ricos", afirmou Allende em seu discurso na Assembleia Geral das Nações Unidas, "vivemos na pobreza". A tarefa da Unidade Popular, portanto, seria completar o processo de independência rumo à "independência econômica". Isso implicava, é claro, pôr fim aos privilégios da oligarquia fundiária chilena e, portanto, "transferir aos trabalhadores e ao povo em seu conjunto o poder político e o poder econômico". Um processo como esse geraria conflitos, mas, para Allende, estes poderiam ser solucionados no interior da institucionalidade existente. "O Chile, em sua singularidade, conta com as instituições sociais e políticas necessárias para materializar a transição do atraso e da dependência para o desenvolvimento e a autonomia, pela via socialista", disse Allende em seu discurso no Estádio Nacional em 1970. A "transição" mencionada não refletiria o modelo "cubano" de tomada do poder por uma revolução violenta; segundo Allende, a singularidade chilena consistiria em realizar a revolução pela "via pacífica", pelos canais legais dessa mesma institucionalidade: seria preciso modificar a institucionalidade, mas *a partir dessa mesma institucionalidade*.

Esta é a premissa fundamental de todo pensamento e de toda ação, tal como Allende os concebe: se a violência é necessariamente alheia ao socialismo, sendo sempre exercida pela oligarquia "portaliana" e pelo imperialismo, a "via chilena para o socialismo" consuma um longo processo que vem de "baixo" para transformar verdadeira e democraticamente as condições do país. Assim, o projeto da Unidade Popular abriu uma temporalidade de corte intempestivo que investiu o triunfo de 1970 da força independentista de 1810. Allende se tornaria o novo O'Higgins, e a Unidade Popular, a nova força libertadora.

A transformação do país em favor das maiorias negligenciadas implicou várias medidas do governo da Unidade Popular que fortaleceram os trabalhadores do campo e da cidade. Disse Allende em seu discurso sobre a propriedade agrária, em 1971: "O cobre é o ordenado do Chile, a terra é seu pão". A simplicidade da frase compõe as duas forças, camponeses e operários, num único e mesmo projeto.

No que tange aos operários, a nacionalização do cobre, cujo processo foi iniciado com a "chilenização" implementada por Frei, tinha amplo consenso político. Allende nacionalizou o precioso metal em 11 de julho de 1971, graças à aprovação de uma reforma constitucional. Isso gerou imediatamente um conflito imperialista com os Estados Unidos, já que o país do Norte explorava esse metal desde o início do século, quando a monoprodução do salitre foi substituída pela monoprodução do cobre por algumas grandes corporações. Essas corporações, por intermédio da CIA, já haviam elaborado todo o programa de bloqueio de créditos internacionais e promoção de sedição interna que Allende denunciará fortemente em seu discurso de 1972 nas Nações Unidas.

Além disso, a transformação do sistema econômico implicava a "estatização do sistema bancário": "A taxa de juros será um instrumento efetivo de orientação do desenvolvimento econômico" e não um instrumento lucrativo que favorece apenas a oligarquia dominante e seus bancos. Tratava-se de fortalecer o desenvolvimento produtivo dos pequenos e médios empresários e assim redistribuir o crédito para torná-lo acessível a setores negligenciados.

No que tange ao campesinato, o governo popular intensificou o que já havia sido realizado em termos de reforma agrária. Pela "Aliança para o Progresso", os Estados Unidos haviam pressionado o então presidente Alessandri para modernizar a agricultura em favor das corporações estadunidenses, fazendo-o assinar, em 1961, um compromisso de reforma que só começaria a ser efetivada no governo democrata-cristão de Frei (1964-70). Para Allende, a reforma agrária era importante na medida em que mudava a propriedade da terra em favor do campesinato, mas exigia "ganhar a batalha da produção", como disse em um de seus discursos. Nessa lógica, a reforma agrária, que foi pensada originalmente como uma modernização capitalista do campo, trouxe a emergência do campesinato como sujeito histórico e político que a Unidade Popular impulsionaria como parte das necessárias transformações que deveriam ser realizadas.

Finalmente, outra transformação fundamental seria substituir a "Constituição liberal" então vigente – aquela de 1925 – por uma nova Constituição socialista, como anunciou Allende no discurso de 21 de maio de 1971. Tal como se pode ler na proposta do governo da Unidade Popular,[1] a nova Constituição expressaria a "transferência" do poder aos trabalhadores, tanto no plano político como no plano econômico, e, portanto, consumaria o processo da "segunda independência". Esse projeto de

---

1 *Constitución política chilena de 1973: propuesta del gobierno de la Unidad Popular*. Santiago: Sangria, 2013.

uma nova Constituição política de corte socialista nunca se concretizou.

O projeto da Unidade Popular vinha realizar a "democracia econômica" – como a denominava o próprio Allende – e, precisamente por isso, perturbaria a ordem oligárquica chilena e seu entrelaçamento com o imperialismo estadunidense. Essas mudanças, voltadas para as grandes maiorias, só puderam se produzir porque no século XX houve uma intensificação da imaginação popular que *não cabia* no paradigma "portaliano", o qual implicava governar autoritariamente a favor da manutenção e do aprofundamento da ordem oligárquica que, desde o governo de Alessandri Palma, se expressava na Constituição de 1925. O projeto da Unidade Popular desbordava o paradigma "portaliano", já que instituía processos de democratização da vida nacional. Nesse sentido, a Unidade Popular foi um momento crítico para a estrutura "portaliana" do Estado chileno, precisamente porque tal estrutura só admitia o exercício do poder "de cima para baixo" e nunca "de baixo para cima".

Mas, se era assim, como foi admissível a chegada de um projeto como aquele da Unidade Popular? Antes de mais nada, porque o século XX foi marcado pela intensificação progressiva da imaginação popular e pela efetiva recomposição de forças dessa imaginação no plano social e político. Diante desse processo, a irrupção das maiorias durante esse período implicou uma perturbação do pacto oligárquico de 1925 que se consumou em 4 de setembro de 1970, quando Salvador Allende conquistou a cadeira presidencial. O pacto oligárquico não podia fazer nada para deter o avanço das maiorias e de suas forças democratizadoras. Desestabilizado, tal pacto só pôde apelar para a sedição pró-imperialista concretizado na manhã do dia 11 de setembro de 1973.

III

Manhã do dia 11 de setembro de 1973. Allende chega ao Palacio de La Moneda e é informado das operações golpistas. Há participação do Exército. O país está cercado pela força. Allende decide permanecer no Palácio. Não pode fazer mais do que defender o que está sendo transgredido: não apenas a "via chilena para o socialismo", mas também a via política como forma de resolução dos conflitos no Chile. A violência se impõe sobre a política, a tragédia clausura o momento popular e abraça com sangue esse dia e o novo período de perseguições. Os trabalhadores são dizimados, suas organizações são aniquiladas. O campesinato é massacrado e, com isso, em virtude do permanente e sistemático apoio da CIA à oligarquia, o golpe de Estado está em curso.

Diante da situação, Allende se dirige através da Rádio Magallanes aos milhares de "trabalhadores" que contemplam o abominável espetáculo: "Não vou renunciar! Posto neste momento histórico, pagarei com a minha vida a lealdade ao povo". Por que Allende decide morrer ali? Por que não negocia, não abre uma via política possível? Porque entende que, *com o golpe em marcha, não há mais via política e a violência tomou o comando da história.* Mais ainda: porque não reconhece como interlocutores válidos os generais que dirigem o golpe, não havendo em sua traição nenhuma via política possível: são usurpadores de um poder legítimo que sua morte há de resguardar. Allende morre no Palacio de La Moneda (por assassinato ou suicídio), levando consigo a legitimidade da República, sem abandoná-la ao golpismo.

Não convocando o povo a pegar em armas e insistindo na via pacífica da revolução socialista, Allende instalou a resistência mais decisiva de todas, circunscrevendo-a no sacrifício de sua própria vida, que, entende ele, não é a de um simples indivíduo, mas a de um governante que abraçou os valores eternos da humanidade e tentou conduzir o povo chileno à sua "segunda independência".

Allende se apresenta apenas como um intérprete dos "grandes anseios de justiça", um profeta que recebe a mensagem e só a traduz para o povo. Ao situar-se dessa forma, reafirma o povo como sujeito histórico, não sua própria pessoa. O desprendimento é a chave desse discurso, porque ele se vê como uma pequena peça no interior de um grande processo de dignificação dos povos. Nunca se tratou de Allende, mas do processo coletivo em germe; jamais se tratou de seus interesses, mas daqueles de uma humanidade que fazia seu caminho com a dificuldade de uma história que lhe fora adversa.

Allende se despede, mas em seu discurso *todos cabem*: os "trabalhadores", a "modesta mulher", a "camponesa que acreditou em nós", a "operária", a "mãe", mas também o "operário, o camponês, o intelectual" e, sobretudo, "aqueles que serão perseguidos, porque em nosso país o fascismo já estava presente muitas vezes nos atentados terroristas". Todos cabem, porque todos se tornam parte do sujeito histórico (as grandes maiorias do Chile) que não se detém, "nem pelo crime nem com a força". Enquanto a ditadura assola o povo, Allende sobrevive como um bastião ético irredutível à usurpação acontecida, uma voz que não deixa de ditar ao povo o imperativo de dignidade e esperança: "Mais cedo do que se imagina, de novo se abrirão as grandes alamedas por onde passará o homem livre para construir uma sociedade melhor".

IV

Os discursos de Salvador Allende Gossens, pela primeira vez traduzidos em português e publicados no Brasil, não devem ser vistos como "peças de museu", mas antes como expressão da intempestividade de seu pensamento. Estes discursos são verdadeiras peças filosóficas, históricas e políticas, cujo tom nunca será preto ou branco: eles irrompem em uma zona cinzenta repleta de tramas, labirintos e pequenas cifras que enlaçam Allende nas origens da República. São uma peça singular no interior de um mosaico – sempre fragmentário, sempre liminar – da dignidade dos povos do mundo e da América Latina. Não são apenas arquivos, mas relâmpagos que nos abraçam de um *futuro do presente* em nosso aqui e agora. Allende é um nome que não condiz com sua própria atualidade, é a intensidade que continua a incomodar os donos do planeta, é o momento intempestivo que faz com que o presente nunca coincida consigo mesmo.

Se toda tradução deixa sempre algo intraduzível, se todo texto escrito traz em si o reduto do não escrito, é precisamente porque todo texto, discurso ou palavra sempre se inventa no exato instante de sua leitura, no momento secreto em que outra época acolhe a cifra histórica capaz de oferecer inteligibilidade ao presente. Em outras palavras, os discursos de Allende não devem ser tomados como uma "doutrina" sistemática, mas acolhidos como um chamamento, uma potência que, ainda hoje, não pode passar despercebida. Por isso, o mais relevante nestes discursos não é tanto o que eles dizem, mas a intensidade que expressam quando dizem o que dizem. Talvez seja essa intensidade a chave na atual tradução, se por "tradução" entendermos a capacidade de transmitir não tanto um enunciado, mas as *energias da enunciação.*

Dessa forma, longe de situar estes discursos como arquivos sagrados, convidamos o leitor à sua radical profanação, ou seja, aos seus *usos em comum*, nos quais podemos experimentar um assunto que, para a "tradição dos oprimidos", se revela essencial: todo ato de leitura é, ao mesmo tempo, um ato de criação.

RODRIGO KARMY BOLTON é doutor em filosofia pela Universidade do Chile (2010), onde atua desde 2006 como professor no Centro de Estudos Árabes e no departamento de Filosofia da Faculdade de Filosofia e Humanidades.

ÍNDICE DE NOMES

AGUIRRE CERDA, Pedro Avelino (1879-1941) Presidente do Chile entre 1938 e 1941. Educador, advogado e político do Partido Radical, seu governo adotou o lema "Governar é educar", e sustentou-se em três bases: a defesa das liberdades individuais, coletivas e de imprensa; o movimento rumo à laicização do Estado; e a política do "Estado docente". Allende participou da campanha presidencial de Aguirre Cerda para as eleições de 1938, ocupando o posto de ministro da Saúde durante seu governo. [p. 50]

ALVARADO, Juan Velasco (1910-77) Presidente do Peru entre 1968 e 1975. Mediante golpe militar em 1968, instituiu o chamado Governo Revolucionário da Força Armada, que promoveu reformas de caráter nacionalista e de esquerda, entre elas a promulgação da reforma agrária, a adoção do quéchua como idioma oficial, a ampliação dos direitos dos trabalhadores e dos povos originários, a nacionalização de recursos naturais e a expropriação de empresas e de meios de comunicação. [pp. 26, 154]

ARAYA, Arturo (1926-73) Ajudante de ordens de Salvador Allende entre 1970 e 1973 e capitão de mar e guerra do exército chileno. Foi assassinado em julho de 1973 por membros do grupo paramilitar de extrema-direita Pátria e Liberdade. [p. 159]

BALMACEDA FERNÁNDEZ, José Manuel (1840-91) Presidente do Chile entre 1886 e 1891. Político do Partido Liberal, seu programa de governo enfatizou o desenvolvimento da infraestrutura pública, o investimento em educação e a formação de uma aliança entre diferentes setores liberais do governo. No fim de seu mandato, encarou forte oposição do Congresso. O acirramento das tensões políticas conduziu a uma guerra civil. Asilado na embaixada argentina, suicidou-se meses após o início da guerra. [p. 165]

BAYTELMAN, David (1925-88) Vice-presidente da Comissão de Reforma Agrária (Cora). Apoiou e assessorou as campanhas de Allende à presidência, e desempenhou papel-chave na elaboração do programa agrário e de outras políticas de planificação agropecuária no Chile a partir de duas coalizões de esquerda, a Frente Popular e a Unidade Popular. [p. 61]

BLEST, Clotario (1899-1990) Dirigente sindical e ativista de direitos humanos. Foi fundador de diversas instituições, entre elas a Agrupação Nacional de Empregados Fiscais (Anef), a Central Única de Trabalhadores (CUT), o Movimento de Esquerda Revolucionária (MIR) e o Comitê de Defesa de Direitos Humanos e Sindicais (Codehs). [p. 49]

BOLÍVAR, Simón (1783-1830) Político revolucionário e militar venezuelano que liderou Bolívia, Colômbia, Equador, Panamá, Peru e Venezuela em suas respectivas guerras de independência contra o Império espanhol, ajudando a lançar as bases ideológicas da democracia na América Hispânica. Por seus esforços de autodeterminação nacional e integração continental, tornou-se símbolo da luta anti-imperialista e panamericana na América Latina, inspirando o conjunto de doutrinas políticas denominado bolivarianismo. [**pp. 36, 56**]

CARO, **José María** (1866-1958) Primeiro cardeal chileno da Igreja Católica Romana, serviu como arcebispo de Santiago de 1939 a 1958, tendo realizado trabalho pastoral ao longo de sua carreira eclesiástica. [**pp. 25, 118**]

CARRERA (família) Considerada uma das famílias mais influentes e tradicionais do Chile, teve grande participação na vida pública do país, sobretudo na independência. Entre seus membros constam políticos, militares, profissionais liberais e latifundiários. [**p. 113**]

CAUPOLICÁN (?-1558) Líder militar do povo Mapuche, tendo recebido o título de toqui. Comandou os Mapuche durante a primeira insurreição contra colonizadores espanhóis, iniciada em 1553. Foi capturado e morto pelos espanhóis em 1558. [**p. 25**]

CHEREAU, **René Schneider** (1913-70) Comandante-chefe do exército chileno à época da eleição de Allende à presidência, considerado militar legalista. Criou a doutrina, que viria a ser conhecida como "Doutrina Schneider", de não interferência do exército na política. Foi assassinado numa tentativa de sequestro atribuída à Agência Central de Inteligência dos Estados Unidos (CIA), dias antes da confirmação da vitória de Allende pelo Congresso Nacional. [**p. 135**]

CUAUHTÉMOC (1502-25) Último governante asteca não empossado pelos espanhóis, eleito tlatoani pela nobreza asteca. Liderou as tropas astecas contra colonizadores espanhóis. Foi capturado, torturado e morto pelo conquistador Hernán Cortés. [p. 25]

DÍAZ LÓPEZ, Victor (1919–76) Líder sindical, militante comunista e gráfico, foi dirigente nacional da Central Única de Trabalhadores (CUT), subsecretário geral do Partido Comunista do Chile (PCC). Detido pela Direção de Inteligência Nacional (Dina) em maio de 1976, tornou-se desaparecido político da ditadura militar. [pp. 51–52, 57, 61]

ECHEVERRÍA, Luis (1922–2022) Presidente do México entre 1970 e 1976, eleito pelo Partido Revolucionário Institucional (PRI). Seu governo se baseou na tentativa de conciliação com antigos opositores políticos e na aproximação de países do bloco socialista, mas encarou oposição de setores de extrema-esquerda da sociedade civil. Foi acusado de ser responsável pelo massacre de estudantes na Praça das Três Culturas em Tlatelolco, em 1968, quando era ministro do Interior. [pp. 151, 154]

ENRÍQUEZ, Edgardo (1912–96) Médico e educador chileno, foi nomeado em 1973 como ministro da Educação Pública de Allende. [p. 105]

GANDHI, Indira (1917–84) Primeira-ministra da Índia entre 1980 e 1984, foi uma proeminente política indiana e membro do congresso nacional indiano, primeira mulher a se tornar chefe de governo na Índia. Seu governo foi marcado pela aproximação da União Soviética e instituição de um programa de nacionalização dos bancos. Liderou a guerra contra o Paquistão (1971) e incentivou o desenvolvimento da indústria nuclear na Índia. Em meio a um conflito interno entre diferentes grupos religiosos-nacionais, foi morta em 1984 por dois membros Sikh de sua guarda pessoal. [p. 37]

GÓMEZ, Galo (1926-2008) Conhecido por sua contribuição à pedagogia no ensino superior no Chile, foi educador, político, vice-reitor da Universidade de Concepción, presidente da Comissão Nacional de Investigação Científica e Tecnológica do Chile (Conicyt) e subsecretário geral do Partido Socialista do Chile. [p. 105]

SILVA HENRÍQUEZ, Raúl (1907-99) Arcebispo de Santiago do Chile entre 1961 e 1983, trabalhou em prol de reformas sociais e da redistribuição de terras da Igreja aos camponeses. [pp. 48, 61, 76, 97]

HO CHI MINH (1890-1969) Revolucionário comunista vietnamita, foi um dos líderes na luta pela libertação do Vietnã do colonialismo francês e do imperialismo estadunidense, tornando-se presidente e primeiro-ministro do país em 1945 pelo Partido Comunista do Vietnã (CPV), fundado por ele. [pp. 109-10]

LAUTARO (1534-57) Líder militar mapuche (toqui) na Guerra de Arauco durante a primeira fase da conquista espanhola do território correspondente ao atual Chile. Foi escravizado por Pedro de Valdivia, servindo como pajem pessoal do conquistador até sua fuga, em 1552. Foi morto pelos espanhóis, em represália por seu envolvimento na morte de Pedro de Valdivia. [p. 25]

MENDOZA, César (1918-96) Diretor-geral dos Carabineiros do Chile entre 1973 e 1985, integrou a Junta Militar durante a ditadura de Augusto Pinochet. [p. 158]

O'HIGGINS, Bernardo (1778-1842) Militar e político chileno, foi uma das principais figuras no processo de independência do Chile, atuando como líder na guerra contra o Império espanhol e, após a emergência do Chile como nação independente, ocupando o cargo de diretor supremo do Chile de 1817 a 1823. [pp. 25, 56, 113, 169-70]

PAREDES BARRIENTOS, Eduardo "Coco" (1938-73) Médico e membro do comitê central do Partido Socialista, foi diretor-geral de investigações do Chile durante o governo de Allende e diretor da empresa cinematográfica Chilefilms. Em 11 de setembro de 1973, foi detido e torturado, tornando-se desaparecido político da ditadura militar dois dias após o golpe. [p. 109]

PINTO FRANCISCO, Antonio (1785-1858) Presidente do Chile entre 1827 e 1829. Militar e político de orientação liberal, durante seu governo foi promulgada a Constituição chilena de 1828. [p. 28]

RECABARREN, Luis Emilio (1876-24) Pensador e organizador marxista e gráfico autodidata, promoveu a criação de organizações revolucionárias, fundou o Partido Comunista do Chile (PCC) e editou jornais direcionados a leitores da classe trabalhadora. [p. 25]

RODRÍGUEZ RODRÍGUEZ, Manuel (1946) Presidente da Federação de Estudantes da Universidade de Concepción em 1972, político do Partido Socialista do Chile e assistente social. [pp. 25, 105-07, 109, 113, 118]

SAN MARTÍN, José (1778-1850) Militar argentino, participou ativamente dos processos de independência da Argentina, do Chile e do Peru, tornando-se o primeiro presidente do Peru. [pp. 28, 56, 169]

SÁNCHEZ CELEDÓN, Roberto Aurelio (?-2014) Comandante das forças aéreas e apoiador de Allende. [p. 105]

TEITELBOIM, Volodia (1916-2008) Político, advogado e militante do Partido Comunista Chileno (PCC) desde a adolescência. Foi perseguido, preso e exilado nos anos 1940 pelo governo de González Videla, sob pretexto de cumprimento da lei de Defesa Permanente da Democracia, apelidada de "lei maldita". Entre 1961 e 1965, foi deputado por Valparaíso e, de 1965 a 1973, ocupou cargo de senador. [p. 55]

TUPAC AMARU (1545-72) Último imperador inca da cidade de Vilcabamba, reduto do Império Inca após a conquista de Cusco pelos espanhóis. Foi executado pelos colonizadores espanhóis. [p. 25, 98]

VALENZUELA, Camilo (?) General chileno. Com objetivo de evitar que Allende, recém-eleito presidente do Chile, tomasse posse em 1970, liderou uma tentativa de sequestro do comandante-chefe constitucionalista René Schneider Chereau, resultando na morte deste. [p. 22]

SOBRE O AUTOR

SALVADOR GUILLERMO ALLENDE GOSSENS nasceu em 26 de junho de 1908, em Santiago, no Chile, em uma família de classe média alta. Devido ao trabalho do pai, que ao longo da infância e adolescência dos filhos ocupou diferentes cargos jurídicos na administração pública do país, Allende cursou o ensino básico em diversas localidades chilenas: Tacna (hoje no Peru), Iquique, Valdívia, Santiago e, finalmente, Valparaíso. Entre 1924 e 1926, alistou-se voluntariamente no Regimento Coraceros de Viña del Mar, pedindo transferência para concluir o serviço militar no Regimento Lanceros de Tacna, de onde saiu como oficial de reserva do exército chileno. Em 1926, ingressou na Faculdade de Medicina da Universidade do Chile, onde se formou médico cirurgião em 1932, com o trabalho "Higiene mental e delinquência". Foi nessa época que deu início a sua militância política e aprofundou o interesse pelo marxismo: atuou como presidente do Centro de Estudantes de Medicina e da Federação de Estudantes do Chile, e dirigiu o grupo de esquerda Avance, participando das manifestações contra o governo ditatorial de Carlos

Ibáñez – a ponto de ser suspenso da universidade, em 1931, por seu ativismo político. Entre 1932 e 1936, foi médico na Assistência Pública de Valparaíso e anatomopatologista em hospitais da cidade de Puerto Montt e em paralelo, entre 1935 e 1936, também desempenhou os cargos de relator oficial do Congresso Médico de Viña del Mar e presidente da Conferência Médica Panamericana.

Fundou, em 1933, o Partido Socialista do Chile (PSL). Nas décadas de 1930 e 1940, ocupou cargos públicos e no partido, entre eles de Ministro da Saúde (1939-1942) no governo de Pedro Aguirre Cerda, e realizou a primeira aliança entre seu partido e o Partido Comunista do Chile (PCC). Em 1939 publicou *La realidad médico-social chilena*, que ganhou o Prêmio Van Buren em 1940. No ano seguinte, viajou ao Peru, onde se reuniu com militantes da Aliança Popular Revolucionária Americana (Apra). Ao longo de sua carreira política, viajou à União Soviética e a outros países do bloco socialista. Visitou Cuba em 1959, onde firmou amizade com Fidel Castro e estabeleceu diálogo com Che Guevara. Após a morte do guerrilheiro, viajou à Bolívia para acompanhar e proteger os sobreviventes do grupo. Foi eleito senador em 1945 e reeleito em todas as eleições parlamentares seguintes, até sua eleição à presidência da República em 1970. Como presidente do Senado, cargo que ocupou entre 1966 e 1969, criou a Unidade Popular (UP), coalizão política que reuniu toda a esquerda e setores do centro chileno. Disputou as eleições presidenciais três vezes – em 1952, 1958 e 1964 – antes de eleger-se, sempre apoiado por coalizões de esquerda. Foi eleito presidente em 1970, com uma margem apertada em relação ao segundo colocado, tornando-se o primeiro presidente marxista do Ocidente a ser eleito democraticamente. Em 11 de setembro de 1973 sofreu um golpe civil-militar. Em discurso pela rádio da Central Única de Trabalhadores (CUT), fez um apelo às forças democráticas da sociedade chilena e combateu as tropas que cercavam e bombardearam o Palacio de La Moneda, onde foi encontrado morto.

COLEÇÃO EXPLOSANTE

COORDENAÇÃO Vladimir Safatle

Em um momento no qual revoluções se faziam sentir nos campos da política, das artes, da clínica e da filosofia, André Breton nos lembrava como havia convulsões que tinham a força de fazer desabar nossas categorias e limites, de produzir junções que indicavam novos mundos a habitar: "A beleza convulsiva será erótico-velada, explosante-fixa, mágico-circunstancial, ou não existirá". Tal lembrança nunca perderá sua atualidade. A coleção Explosante reúne livros que procuram as convulsões criadoras. Ela trafega em vários campos de saber e experiência, trazendo autores conhecidos e novos, nacionais e estrangeiros, sempre com o horizonte de que Explosante é o verdadeiro nome do nosso tempo de agora.

TÍTULOS

Petrogrado, Xangai, Alain Badiou
Chamamento ao povo brasileiro, Carlos Marighella
Alienação e liberdade, Frantz Fanon
A sociedade ingovernável, Grégoire Chamayou
Guerras e capital, Éric Alliez e Maurizio Lazzarato
Governar os mortos, Fábio Luís Franco
A vontade das coisas, Monique David-Ménard
A revolução desarmada, Salvador Allende

© Ubu Editora, 2022

[CAPA] Salvador Allende discursa diante do povo chileno em 15 de agosto de 1972 © Sven Simon/picture-alliance/Easypix Brasil.

[PP. 2-3] Jovens mulheres marcham carregando cartazes da campanha de Salvador Allende, s/d. © Fundación Salvador Allende.

[PP. 6-7] Salvador Allende em ato junto a trabalhadores, s/d. © Fundación Salvador Allende

[PP. 14-15] Salvador Allende adentra ao Estádio Nacional em cima de um carro após a vitória nas eleições presidenciais chilenas de 1970. Após o golpe militar de 11 de setembro de 1973, o estádio passa a ser utilizado como campo de concentração para prisioneiros políticos. © Fundación Salvador Allende.

[PP. 162-63] Soldados apoiadores do golpe liderado pelo general Augusto Pinochet assistem ao bombardeio do Palacio de la Moneda, sede do governo chileno, em Santiago, em 11 de setembro de 1973. © Enrique Aracena/AP Photo/Imageplus.

[PP. 186-87] Apoiadores do presidente eleito do Chile, Gabriel Boric, comemoram os resultados da eleição em Santiago, dezembro de 2021, carregando bandeira com rosto de Salvador Allende. © Javier Torres/AFP.

APOIO

PREPARAÇÃO Mariana Echalar
REVISÃO Gabriela Naigeborin
TRATAMENTO DE IMAGEM Carlos Mesquita

EQUIPE UBU
DIREÇÃO EDITORIAL Florencia Ferrari
COORDENAÇÃO GERAL Isabela Sanches
DIREÇÃO DE ARTE Elaine Ramos; Julia Paccola,
    Lívia Takemura (assistentes)
EDITORIAL Bibiana Leme; Gabriela Naigeborin (assistente)
DIREITOS AUTORAIS Júlia Knaipp
COMERCIAL Luciana Mazolini; Anna Fournier (assistente)
CRIAÇÃO DE CONTEÚDO / CIRCUITO UBU Maria Chiaretti;
    Walmir Lacerda (assistente)
DESIGN DE COMUNICAÇÃO Júlia França, Lívia Takemura
ATENDIMENTO Laís Matias, Micaely Silva
PRODUÇÃO GRÁFICA Marina Ambrasas

Dados Internacionais de Catalogação na Publicação (CIP)
Elaborado por Odilio Hilario Moreira Junior – CRB-8/9949

A432r Allende, Salvador [1908–1973]
    A revolução desarmada: discursos de Salvador Allende /
    Salvador Allende; organizado por Vladimir Safatle; traduzido
    por Emerson Silva; prefácio de Gabriel Boric Font; posfácio
    de Rodrigo Karmy. São Paulo: Ubu Editora, 2022. 192 pp.
    ISBN 978 85 7126 076 4

    1. Política. 2. Discursos. 3. Sociedade. 4. Revolução. 5. Ciência
    política. 6. História. 7. Chile. 8. Salvador Allende. I. Silva,
    Emerson. II. Título.

2022-2591   CDD 320   CDU 32

Índice para catálogo sistemático:
1. Ciência política 320
2. Ciência política 32

UBU EDITORA
Largo do Arouche 161 sobreloja 2
01219 011 São Paulo SP
ubueditora.com.br
professor@ubueditora.com.br
🅕 🅞 /ubueditora

TIPOGRAFIA Sharp Grotesk e Arnhem
PAPÉIS Pólen Soft 80 g/m²
IMPRESSÃO Margraf